Grundlagen der Praxiswertermittlung

Thomas Sander

Grundlagen der Praxiswertermittlung

Leitfaden für Ärzte, Zahnärzte und Gutachter

 Springer

Thomas Sander
Bremerhaven
Deutschland

ISBN 978-3-642-55323-3   ISBN 978-3-642-55324-0 (eBook)
DOI 10.1007/978-3-642-55324-0
Springer Heidelberg Dordrecht London New York

Die Deutsche Nationalbibliothek verzeichnet diese Publikation in der Deutschen Nationalbibliografie; detaillierte bibliografische Daten sind im Internet über http://dnb.d-nb.de abrufbar.

Gedruckt auf säurefreiem Papier

Springer ist Teil der Fachverlagsgruppe
Springer Science+Business Media (www.springer.com)

Vorwort

In Deutschland werden in den nächsten Jahren demografisch bedingt mehr als 10.000 der insgesamt 45.000 Zahnarztpraxen ihren Inhaber wechseln. Dadurch und aufgrund anderer Einflüsse ist der Markt zu einem Käufermarkt geworden. Viele Praxen werden nicht zu veräußern sein. In der Humanmedizin sieht es ähnlich aus – für viele Praxen ist kein Nachfolger in Sicht.

Gerade im Bereich der Medizin ist der Trend zu größeren Einheiten ungebrochen. Doch die Bestandsfähigkeit von Berufsausübungsgemeinschaften ist eingeschränkt. Am Beispiel der zahnärztlichen Praxen kann festgestellt werden, dass zwar mehr als 30 % der Praxen als Berufsausübungsgemeinschaften starten, insgesamt aber lediglich knapp 20 % der Praxen in dieser Rechtsform verbleiben. Nach meinen Erfahrungen werden viele Gemeinschaftspraxen im Mittel nach 10 Jahren aufgelöst oder verändert.

In allen Fällen ist eine fundierte Wertermittlung notwendig bzw. sinnvoll. Doch hierzu gibt es kein verbindliches Verfahren. Darüber hinaus herrscht große Unsicherheit bei der Frage, was der „Wert einer Praxis" überhaupt ist – auch bei vielen Bewertern. Deshalb habe ich mich im Zusammenhang mit der Durchführung eines Forschungsvorhabens, das das Lehrgebiet Praxisökonomie der Medizinischen Hochschule Hannover in 2013 zusammen mit dem Institut der Deutschen Zahnärzte durchgeführt hat, speziell mit den Grundlagen der Wertermittlung auseinandergesetzt. Für das Teilgebiet des materiellen Praxiswertes erschien mir die Unklarheit in Theorie und Praxis so groß, dass ich meine ersten Überlegungen dazu Herrn Prof. Dr. Manfred Jürgen Matschke, Autor des Standardwerkes „Unternehmensbewertung", zukommen ließ, der sie kritisch gelesen hat. Ein ausführliches Gespräch mit ihm am 6. Dezember 2013 in Mertesdorf hat mich in vielen Fragen der Praxisbewertung sehr viel weitergebracht. Für die Bereitschaft, mich in den grundlegenden Fragen zum Thema so offen und freundlich zu beraten, möchte ich mich bei Herrn Matschke an dieser Stelle ausdrücklich bedanken.

Ich habe versucht, den aktuellen Wissensstand bei der Praxisbewertung auf-
zuschreiben. Da es aber kein verbindliches Verfahren gibt, ist dieses Fachgebiet
inhaltlich im Fluss, und es wird teilweise auch innerhalb der Expertengruppe kontrovers diskutiert. Ich freue mich daher über Kritik und Anregungen für die weitere
Entwicklung des Wissensstands.

Das Buch richtet sich sowohl an Bewertungspraktiker als auch an Ärzte und
Zahnärzte, die aus unterschiedlichen Anlässen eine Bewertung selbst vornehmen
wollen. Darüber hinaus soll es Bewertungstheoretikern und den Praktikern als
Anregung dienen, die Inhalte kritisch zu hinterfragen. Es wäre wünschenswert,
auf der Basis der vorliegenden Überlegungen eine für Arzt- und Zahnarztpraxen
standardisierte Bewertungsmethode zu entwickeln.

Hannover, im Mai 2014   Thomas Sander

Inhaltsverzeichnis

Abkürzungsverzeichnis

AfA   Absetzung für Abnutzung
BAG   Berufsausübungsgemeinschaft
BÄK   Bundesärztekammer
BGH   Bundesgerichtshof
BWA   Betriebswirtschaftliche Auswertung
BWL   Betriebswirtschaftslehre
HGB   Handelsgesetzbuch
IDW   Institut der Wirtschaftsprüfer
IfS   Institut für Sachverständigenwesen
IDZ   Institut der deutschen Zahnärzte
KBV   Kassenärztliche Bundesvereinigung
KMU   Kleine und mittlere Unternehmen
KW   Kaufwert
KZV   Kassenzahnärztliche Vereinigung
ND   Nebenkosten und Dienstleistungen
ÖPNV   Öffentlicher Personennahverkehr
PAP   Patienten akquirierende Praxis
PG   Praxisgemeinschaft
ÜBAG   Überörtliche Berufsausübungsgemeinschaft
UL   Unternehmerlohn
VSA   Vereinigung der öffentlich bestellten und vereidigten Sachverständigen für die Bewertung von Arzt- und Zahnarztpraxen
ZAP   Zuweiser akquirierende Praxis

Einführung

1

Anlass für die Erarbeitung des vorliegenden Buches zu den Grundlagen der Praxisbewertung bestand in der allgemeinen großen Unsicherheit bei der Anwendung von
in großer Zahl existierenden, unterschiedlichen Verfahren. Es gibt keine allgemein
anerkannte Richtlinie zur Bewertung von Arzt- und Zahnarztpraxen, geschweige
denn eine gesetzliche Vorgabe.

Allerdings setzt sich seit einigen Jahren das sogenannte modifizierte Ertragswertverfahren immer mehr durch. Auch die Hinweise zur Bewertung von Arztpraxen
der Bundesärztekammer und der Kassenärztlichen Bundesvereinigung haben in
der Praxis nach wie vor eine große Bedeutung. Auf diese beiden Verfahren wird in
diesem Buch im Wesentlichen Bezug genommen.

Ein weiterer aktueller Anlass für die Arbeit an diesem Buch war ein Forschungsvorhaben, das der Verfasser zusammen mit dem Institut der Deutschen Zahnärzte
IDZ in 2012/2013 Sander, Klingenberger (2014) durchgeführt hat. Ausschnitte daraus werden in diesem Buch mit freundlicher Genehmigung des IDZ wiedergegeben.
Dabei war insbesondere wichtig zu erfahren, welche Praxisbesonderheiten bei der
Kaufpreisfindung für den Teil des immateriellen Praxiswertes (Goodwill) Berücksichtigung finden und welche nicht. Spätestens an dieser Stelle wurde die Frage nach
der Wertart aufgeworfen, was einen wesentlichen Teil dieser Ausarbeitung darstellt. Zur Erarbeitung der Grundlagen der Bewertung wurde auf das Standardwerk
„Unternehmensbewertung" von Matschke und Brösel (2013) zurückgegriffen.

Der hier vorliegende Teil der Erarbeitung zur Bestimmung des Substanzwertes
im Rahmen der Bewertung von Arzt- und Zahnarztpraxen erfolgte im Nachgang
zu dem o.a. Forschungsvorhaben, das der Verfasser zusammen mit dem IDZ zur
Ermittlung der Einflussgrößen bei der Bestimmung des ideellen Praxiswertes in
2013 realisiert hat. Um das Themengebiet abzurunden, hatte sich der Verfasser mit
der in der Praxis wenig kritisch diskutierten Substanzwertermittlung für Arztpraxen
grundlegend auseinandergesetzt. Üblich ist der Ansatz des „Zeitwertes". Da dieser
Begriff aber nicht hinreichend definiert ist, wurde eine grundlegende Bearbeitung

T. Sander, *Grundlagen der Praxiswertermittlung*,
DOI 10.1007/978-3-642-55324-0_1, © Springer-Verlag Berlin Heidelberg 2014

des Vorgehens bei der Substanzwertermittlung durchgeführt. Die Basis dazu stellt ebenfalls das Standardwerk „Unternehmensbewertung" von Matschke und Brösel dar.

In diese Darstellung sind darüber hinaus vor allem die umfangreichen Erfahrungen des Verfassers in Fragen der Ökonomie von Zahnarztpraxen eingeflossen. Sowohl die Ärztekammermethode als auch Zur Mühlen et al. (2010) und die meisten anderen Autoren beziehen sich vorrangig auf Arztpraxen. In der Praxis gelten aber die gleichen Grundsätze, und insbesondere die Ärztekammermethode wird in der Bewertungspraxis häufig auch für Zahnarztpraxen angewendet. Die grundlegenden Überlegungen sind übertragbar – auch hinsichtlich der modifizierten Ertragswertmethode.

Als Besonderheit bei der Bewertung von Arzt- und Zahnarztpraxen ist noch zu beachten, dass anders als in sonstigen typischen Bewertungsfällen hier der Bewertungstheoretiker bzw. -ökonom und der Praktiker in Personalunion auftreten. Der Sachverständige für Praxisbewertung muss sachverständig sein in der Theorie und in der Praxis der Bewertungsmethodik sowie über sehr viel Branchenwissen und -erfahrung verfügen.

Ein Zitat beschreibt das Wesen der Praxisbewertung treffend:

▶   Eine Praxisbewertung bedeutet nicht, einige oder viele Zahlen nach einer Formel zu einem Wert zu verarbeiten. Eine Praxis bewerten heißt in erster Linie, eine Praxis und ihr Umfeld eingehend zu analysieren und darauf aufbauend mit Hilfe von wissenschaftlichen Erkenntnissen, breiten wirtschaftlichen Kenntnissen, Urteilskraft und Erfahrung Aussagen über die voraussichtliche Entwicklung der Praxis zu machen und unter Darlegung der Risiken und Chancen in einem Wert zu bündeln. Praxisbewertung ist somit wie Praxisführung mehr Kunst als Wissenschaft. (Born 2003)

Literatur

Born K (2003) Unternehmensanalyse und Unternehmensbewertung. Schäffer-Poeschel, Stuttgart [abgewandelt für Praxen]
Klingenberger D, Sander T (2014) Stellenwert des Sozialkapitals in Praxisbewertungsverfahren – Eine kritische Reflexion theoretischer Ansätze anhand empirischer Fallrekonstruktionen. IDZ Information. Köln
Matschke MJ, Brösel G (2013) Unternehmensbewertung, 4. Aufl. Springer Gabler, Wiesbaden
Zur Mühlen D, Witte A, Rohner M, Boos F (2010) Praxisbewertung. Deutscher Ärzte-Verlag, Köln

Unternehmenswert

2

2.1 Wertbegriffe

Es gibt verschiedene Konzeptionen der Unternehmensbewertung, die hier im Zusammenhang mit der speziellen Orientierung auf Arzt- und Zahnarztpraxen nicht im Einzelnen diskutiert werden sollen: die objektive, die subjektive und die funktionale Unternehmensbewertung. Die **funktionale Unternehmensbewertung** hat sich seit Mitte der 1970er-Jahre durchgesetzt. Danach hat ein Unternehmen nicht nur für jedes Bewertungssubjekt (das ist zum Beispiel der Verkäufer, vgl. auch folgender Absatz) einen spezifischen Wert, er ist vielmehr auch abhängig von der konkreten Aufgabenstellung an den Unternehmensbewerter. Außerdem sind Vorstellungen, Planungen und Möglichkeiten des Bewertungssubjekts einzubinden. Die Zweckabhängigkeit ist die Basis der funktionalen Unternehmensbewertung. Es gibt weder ein „genormtes" Verfahren zur Unternehmensbewertung noch jeweils einen einzigen (objektiven) Wert im Rahmen einer Bewertung.

▶ Alle „ermittelten Werte sind rückverfolgbar zutreffend, solange es sich um eine logische, widerspruchsfreie, vollständige und von „Werturteilen" abstrahierende rational erklärbare Vorgehensweise und somit auch um entsprechende Ergebnisse handelt" (Matschke und Brösel 2013, S. 24).

Bei einer Bewertung wird einem Gegenstand – definiert als **Bewertungsobjekt**, hier die Praxis – ein Wert in der Regel in Form einer Geldgröße zugeordnet. **Bewertungssubjekte** sind die Personen oder Institutionen, aus deren Sicht die Bewertung durchgeführt wird, in der Regel Käufer und Verkäufer. Es kann aber weitere Bewertungssubjekte geben, beispielsweise die Witwe eines verstorbenen Praxisinhabers oder eine Bank. In der Regel stehen die Bewertungssubjekte zueinander im Konflikt, sie werden deshalb auch **Konfliktparteien** oder konfligierende Parteien genannt.

T. Sander, *Grundlagen der Praxiswertermittlung*,
DOI 10.1007/978-3-642-55324-0_2, © Springer-Verlag Berlin Heidelberg 2014

Wenn zum Beispiel ein Gericht Auftraggeber eines Gutachtens ist, sind die strei-
tenden Parteien (zum Beispiel die vom Zahnarzt in Scheidung lebende Ehefrau und
der Zahnarzt) die Bewertungssubjekte.

   Der Wert eines Unternehmens – hier der Praxis – wird grundsätzlich als Gan-
zes ermittelt, d. h. als Summe von materiellem und immateriellem **Teilwert**. Es
kann auch abgrenzbare, separat zu bewertende Teile des Unternehmens geben, wie
zum Beispiel die zwei Teilpraxen in einer überörtlichen Berufsausübungsgemeinschaft (ÜBAG). Aus der getrennten Bewertung können sich Auswirkungen auf den
Goodwill ergeben, weil sich beispielsweise der Wegfall des gemeinsamen Marke-
tings wertmindernd auswirken kann. Aber auch hier gilt: Der Wert der Teilpraxen
besteht aus der Summe der jeweiligen materiellen und immateriellen Teilwerte.

   Der Wert ist unter anderem auch von den strategischen Planungen sowie
von der Persönlichkeit und damit vom Potenzial des jeweiligen Bewertungssub-
jektes abhängig. „Der Wert eines Unternehmens ist also planungs- und damit
auch zukunftsabhängig sowie subjektiv" (Matschke und Brösel 2013, S. 5). Die
Wertermittlung gestaltet sich in der Praxis folglich schwierig und erscheint teilweise beliebig. Da ein maßgeblicher Erfolgsfaktor in der Person des jetzigen bzw.
mutmaßlichen neuen Praxisinhabers liegt (vgl. Sander und Müller 2012, S. 102), ist
gerade bei der Ermittlung des Goodwill (immaterieller Teilwert) eine umfangreiche
Erfahrung des Gutachters mit der Ökonomie von Praxen bzw. den Persönlichkeiten
und der Entwicklung der **Persönlichkeiten von Praxisinhabern** erforderlich.

▶   Es gibt keine objektiven Unternehmenswerte.

In der Literatur und in der Praxis wird dennoch – im Begriff leicht abweichend
und im Folgenden zu diskutieren – von „objektivierten Werten" gesprochen, wenn
zum Beispiel Käufer und Verkäufer gemeinsam einen Gutachter beauftragen mit
dem Ziel, einen Wert zu ermitteln, der für beide Seiten akzeptabel ist und der als
Ausgangspunkt für Verhandlungen akzeptiert werden kann. Es handelt sich hierbei
aber eher um eine spezielle Form des Argumentationswertes als Ergebnis zweier
Sichtweisen.

   Eine weitere Diskussion des Begriffes „objektivierter Wert" ist bei Matschke
und Brösel (2013, S. 55 ff.) zu finden. Danach soll der objektivierte Wert dem
Wert entsprechen, der bei Fortführung des bisherigen Konzeptes erreicht würde,
wobei erhebliche personenbezogene Werteinflüsse zu eliminieren wären. Hierbei
ist aber zu beachten, dass das bisherige Konzept vom bisherigen Praxisinhaber
abhängig bzw. von ihm geprägt ist. Das IDW, das als das Grundlagenpapier für
Unternehmensbewertungen angesehen werden kann, führt dazu aus (Absatz 29):
„Der objektivierte Unternehmenswert stellt einen intersubjektiv nachprüfbaren

Zukunftserfolgswert aus Sicht der Anteilseigner – hier im Falle eines geplanten Verkaufs der Praxisabgeber – dar." Das IDW (Absätze 40 und 160) stellt in diesem Zusammenhang auch fest, dass die zukünftigen finanziellen Überschüsse um einen Unternehmerlohn zu kürzen sind. Dies wird in Abschn. 4.3 näher diskutiert.

▶ Bei der Ermittlung des objektivierten Wertes soll von der Annahme ausgegangen werden, dass das vorliegende Praxiskonzept unwesentlich verändert fortgesetzt wird. Dadurch fließt die Prägung des Konzeptes durch den Inhaber maßgeblich in die Wertermittlung ein.

Der Begriff „objektivierter Wert" wird oft in Verbindung mit dem „neutralen Gutachten" gebracht. Ein neutraler Gutachter erstellt ein Gutachten, das den „neutralen Wert" ausweist. An dieser Stelle stellt sich die Frage, ob nicht genau dieser Ansatz des „objektivierten" Wertes im Falle von gerichtlichen Auseinandersetzungen (Erbauseinandersetzungen, Scheidungsverfahren, Ausscheiden von Gesellschaftern) der richtige ist. Nach Auffassung des Verfassers ist dies nicht der Fall, weil der Gutachter in gerichtlichen, dominierten Konfliktsituationen (vgl. Erläuterungen zum Begriff „dominierte Konfliktsituationen" in den Abschn. 2.2 und 5.4) ggf. die Sicht des Praxisinhabers verlassen muss und andere Aspekte mit zu berücksichtigen hat. Er muss einen Arbitriumwert ermitteln (vgl. Abschn. 2.2). Die Erstellung eines neutralen Gutachtens ist gleichwohl möglich, wenn zum Beispiel zwei Konfliktparteien einen Gutachter um die Ermittlung eines Wertes bitten, der für beide Parteien akzeptabel ist. Wie oben bereits erwähnt, handelt es sich dabei aber eher um einen Argumentationswert als um den objektivierten Wert.

▶ Ein neutraler Wert kann grundsätzlich nicht ermittelt werden – es gibt nur einen Wert für jemanden, nicht einen Wert an sich.

Ein Bewertungsobjekt kann nur mit Bezug auf ein Bewertungssubjekt einen Wert haben, niemals aber einen Wert an sich. Eine Praxis hat einen **Wert** für jemanden, nicht an sich. Dieser Aspekt wird oft nicht beachtet. Gerade bei der Beschreibung des Vorgehens in sogenannten neutralen Gutachten wird oft stillschweigend angenommen bzw. unterstellt, dass die Ermittlung *eines* (objektivierten) Wertes eben dieser Wert an sich sei. Auch Zur Mühlen et al. (2010, S. 7) gehen davon aus, dass bei neutralen Gutachten „der Berater einen Wert ermitteln wird, wie die Praxis steht und liegt, und nach dem Verständnis des Verfassers die Wertvorstellungen des potenziellen Käufers nur so weit berücksichtigt, als dieser Veränderungen vornehmen kann, die offenkundig, ohne Risiko und ohne großen Einsatz von ihm zu bewerkstelligen sind und damit auf der Hand liegen." Das IDW (Absatz 32) führt dazu aus, dass die „bewertbare Ertragskraft die Erfolgschancen beinhaltet, die sich zum Bewertungsstichtag aus bereits eingeleiteten oder aus hinreichend konkretisierten Maßnahmen im Rahmen des bisherigen Unternehmenskonzeptes und der Marktgegebenheiten ergeben. Mögliche, aber noch nicht hinreichend konkretisierte Maßnahmen (zum Beispiel Erweiterungsinvestitionen) sowie die daraus vermutlich resultierenden finanziellen Überschüsse sind danach bei der Ermittlung objektivierter Unternehmenswerte unbeachtlich." Diese Ausführungen beschreiben den objektivierten Wert, nicht aber den Wert an sich, denn den gibt es nicht.

> ▶ Auch der objektivierte Wert ist nicht „der Wert der Praxis an sich", denn den gibt es nicht. Dies ist bei der Durchführung von Praxisbewertungen stets zu beachten.

Die daraus folgende notwendige Abgrenzung zwischen hinreichend und nicht hinreichend konkretisierten Maßnahmen erscheint dem Verfasser in der Praxis schwierig. Wenn im Sinne von Zur Mühlen et al. (2010) die Wertvorstellungen des Käufers eingebunden werden, muss dies explizit im Gutachten erwähnt werden. Zur Mühlen et al. führen dann noch aus, dass der **neutrale Gutachter** (das ist etwas anderes als das neutrale Gutachten) weitere Aspekte, Argumente und Informationen von Verkäufer und Verkäufer aufnehmen und wertmindernd bzw. –steigernd berücksichtigen kann.

In der grundlegenden Konsequenz dieser Ausführungen schlägt der Verfasser vor, die Begriffe „objektivierter Wert" und „in einem neutralen Gutachten ermittelter Wert" voneinander zu trennen. In dem neutralen Gutachten wird ja bereits das Vorhandensein einer zweiten Partei stillschweigend angenommen (der Gutachter soll sich gegenüber den Parteien „neutral" verhalten). Die Anwesenheit von zwei Parteien ist aber gar nicht zwingende Voraussetzung für die Ermittlung des „objektivierten Wertes". Es reicht allein der Wille eines Praxisinhabers aus, den unter den oben genannten Voraussetzungen ermittelbaren Wert bestimmen zu lassen (in einem äußerst subjektiven Gutachten).

Grundsätzlich spielen bei der Ermittlung der **Entscheidungswerte** (vgl. Abschn. 2.2) die mit dem Bewertungsobjekt verbundenen zukünftigen Erfolge die entscheidende Rolle. Zu beachten ist aber, dass gerade diese Ermittlung der zukünftigen Erfolge nicht im Mittelpunkt der einschlägigen Bewertungstheorien liegt. Dies ist den Branchen-Fachleuten vorbehalten, und hier liegt auch die Schwierigkeit, nicht in der Frage der Bewertungsmethodik (Matschke und Brösel 2013, S. 166). Dies ist vor allem deshalb von Bedeutung, weil bei der Bewertung von Arzt- und Zahnarztpraxen die Branchen-Fachleute und die Gutachter in der Regel in Personalunion auftreten. Diese Sachverständigen müssen also über eine sehr umfangreiche Erfahrung in der Branche verfügen und in Theorie und Praxis mit Bewertungsverfahren vertraut sein. Sachverständige sind gut beraten, wenn sie im Bewertungsverfahren Fachleute hinzuziehen, deren Wissensgebiete sie nicht abdecken können, deren Wissen aber für die Wertermittlung unter Umständen von wesentlicher Bedeutung ist (zum Beispiel Steuerberater).

Hinsichtlich der Analysen und **Prognosen** innerhalb von Praxiswertverfahren ist festzustellen, dass sie eben überwiegend nicht das **Bewertungsverfahren** selbst darstellen, sondern Hinweise zur Ermittlung der zukünftigen Erfolge liefern. Die eigentliche Hauptaufgabe der Bewertung besteht in der Transformation der „aus fundierten Schätzungen ermittelten qualitativen und quantitativen Informationen über künftige Erfolge in einen Wert" (Matschke und Brösel 2013, S. 174).

▶   Bei der Bewertung werden Schätzungen hinsichtlich zukünftiger Erfolge zu einem Wert transformiert.

Aus diesen Betrachtungen wird bereits deutlich, dass im Hinblick auf die Bewertung einer Praxis ausschließlich **zukunftsorientierte Verfahren** in Betracht kommen. Der Blick in die Vergangenheit liefert dabei lediglich Informationen, die als Basiswerte für die Berechnung verwendet werden können: „Für das Gewesene gibt der Kaufmann nichts."

Dementsprechend hat sich in der Rechtsprechung und (teilweise) in der Praxis im Hinblick auf die Wertermittlung die **Zukunftsorientierung** durchgesetzt. Praxisbewertungen werden auch erforderlich, wenn der gesetzliche Güterstand der Zugewinngemeinschaft durch **Ehescheidung** beendet wird und zum Vermögen des Ehegatten eine Zahnarztpraxis gehört. Mit seinem Urteil vom 9.2.2011 (AZ: XII ZR 40/09, Abruf-Nr. 110946) hat der BGH das „**modifizierte Ertragswertverfahren**" als Bewertungsmethode zur Ermittlung des Wertes einer Zahnarztpraxis im Rahmen des Zugewinnausgleichs ausdrücklich bestätigt. Gegenwarts- und vergangenheitsbezogene Verfahren sollten nicht angewandt werden. Eine ausführliche, auf diese Problematik bezogene Darstellung ist in Zur Mühlen et al. (2010, S. 17 ff.) zu finden. Der Verfasser stimmt Zur Mühlen et al. darin zu, dass „nur eine zukunftsorientierte und individuelle Bewertung zu richtigen und aussagekräftigen Werten gelangen kann."

▶   Grundsätzlich sind Unternehmenswerte zeitpunktbezogen auf den Bewertungsstichtag zu ermitteln. Unternehmens- und damit auch Praxisbewertungen sind stets zweckorientiert und nichtallgemeingültig.

Abschließend sei noch die „**marktorientierte Bewertung**" erwähnt, die in diesem Zusammenhang aber keine Rolle spielt, weil sie mindestens **Marktvollkommenheit** voraussetzt, was aber im Zusammenhang mit dem Kauf oder Verkauf einer Praxis nicht gegeben ist. In vollkommenen Märkten könnte man vereinfachend davon ausgehen, dass der Wert dem Preis entspricht. Aber selbst auf einem Markt wie beispielsweise dem Gebrauchtfahrzeugmarkt, der dem vollkommenen Markt (Angebot und Nachfrage treffen in einem Punkt aufeinander, es herrscht Marktgleichgewicht) nahe kommt, variiert der Wert abhängig von verschiedenen Faktoren. Der Markt für Zahnarztpraxen hingegen ist weit von einem vollkommenen Markt entfernt (vgl. auch Abschn. 4.6).

Bewertungsanlässe für die Praxis können beispielsweise sein:

- Kauf oder Verkauf
- Eintritt oder Austritt von Gesellschaftern
- Abfindungen
- Erbauseinandersetzungen
- Ehescheidungen
- Nachfolge
- Kreditwürdigkeitsprüfungen

2.2 Wertarten

Die **funktionale Bewertungslehre** unterscheidet wesentliche (Unternehmens-) Werte bzw. **Wertarten**, die durch Vorschläge des Verfassers ergänzt bzw. verkürzt wurden:

- Entscheidungswert und in der Folge der Argumentationswert
- Objektivierter Wert
- Subjektiver Erwartungswert
- Arbitriumwert in nicht dominierten Konfliktsituationen(Vermittlungswert)
- Einigungswert
- Arbitriumwert in dominierten Konfliktsituationen(Schiedswert)
- Tauschwert

Zur Mühlen et al. (2010) nennen dazu noch den **Deklarationswert**, dessen Benennung in manchen Fällen von Banken im Hinblick auf die Finanzierung des Kaufpreises verlangt wird.

Der Verfasser hat hier die Arbitriumwerte aus dominierten und nicht dominierten Konfliktsituationen aus in Abschn. 2.1 genannten Gründen differenzierend aufgeführt. In der Literatur werden als Synonyme für beide Situationen u. a. die Begriffe Vermittlungs- und Schiedswert verwendet. Im Folgenden wird der Begriff „**Vermittlungswert**" als **Arbitriumwert** in nicht dominierten und der Begriff „**Schiedswert**" als Arbitriumwert in dominierten Konfliktsituationen verwendet.

Zur Ermittlung eines **Entscheidungswertes** ist der Anlass zunächst einmal nicht dominierend, also nicht von außen aufgezwungen. Jede Partei ermittelt ihren Entscheidungswert und daraus im Hinblick auf die Kaufverhandlung ihren **Argumentationswert**. Ein neutral ermittelter Wert würde bei nicht dominierten Anlässen nicht akzeptiert werden, wenn der Entscheidungswert einer Partei verletzt wird. Die Entscheidung fällt im Rahmen der Verhandlung.

Der Entscheidungswert „stellt die Grenze der Konzessionsbereitschaft einer Partei in einer ganz speziellen Konfliktsituation dar. Zudem bildet er die Grundlage der Herleitung von Arbitrium- und Argumentationswerten" (Matschke und Brösel 2013, S. 132). Er ist der Basiswert in der funktionalen Unternehmensbewertung. Zu beachten ist hierbei, dass damit nichts über das Verfahren ausgesagt wird.

Ein – zur Verdeutlichung etwas überzeichnetes – Beispiel soll dies veranschaulichen.

Beispiel 2.1

Ein 70jähriger Arzt möchte seine Praxis verkaufen. Er hat seit Jahren nicht investiert, die Patientenzahl ist ständig gesunken. Er möchte vermeiden, Entsorgungsaufwendungen zu haben, wenn er alternativ die Praxis ohne Nachfolger schließen müsste. Sein Depot hat ihm 1.000 € für das gesamte Inventar einschließlich Entsorgung und besenreine Übergabe an den Vermieter angeboten. Er kommt für sich zu dem Ergebnis, dass sein Entscheidungswert 1.000 € beträgt, d. h. er würde von einem Übernehmer mindestens 1.000 € verlangen, wenn dieser die Praxis übernimmt. Hierzu ist kein aufwändiges Bewertungsverfahren erforderlich.

Dieses Prinzip soll noch mit einem definierenden Satz von Matschke und Brösel (2013, S. 133) verdeutlicht werden: „Allgemein zeigt ein Entscheidungswert [1.000 €] einem Entscheidungssubjekt [Verkäufer, Praxisabgeber] bei gegebenem Zielsystem... [er will aufhören] an, unter welchen Bedingungen... die Durchführung einer bestimmten Handlung [Verkauf für 1.000 €] das ohne diese Handlung [nicht verkaufen] erreichbare Niveau der Zielführung [dann müsste er entsorgen

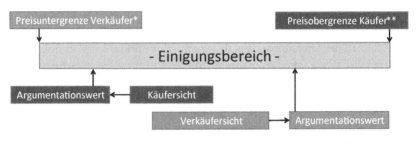

Abb. 2.1 Entscheidungs- und Argumentationswerte

und die Praxis schließen, ohne zu verkaufen] gerade noch nicht mindert [weniger als 1.000 € zu verlangen wäre rational nicht begründbar, dann wäre die Entsorgung vorzuziehen].“

Es lässt sich aus diesem Beispiel, das ganz ohne aufwändiges Bewertungsverfahren auskommt, auch sehr schön die Entwicklung des Argumentationswertes ableiten: „Ich bin bereit, für 2.000 € zu verkaufen, denn allein das Inventar ist offensichtlich mehr als 1.000 € wert. Dazu kommt noch der Patientenstamm, dessen Wert ich ebenso hoch bemesse wie das Inventar. Also: 2.000 €, sonst lasse ich lieber entsorgen.“ Achtung: 2.000 € ist nicht der Entscheidungswert des Abgebers, sondern ein Argumentationswert. Diese Zusammenhänge sind in Abb. 2.1 dargestellt.

Der Entscheidungswert stellt die **Grenze der Konzessionsbereitschaft** dar und ist stets handlungsbezogen (der Abgeber will abgeben). Er ist auf ein bestimmtes Entscheidungssubjekt sowie auf dessen Zielsystem bezogen (in unserem Fall ist dies in der Regel die Person des Arztes) und gilt nur für den Zeitpunkt der Entscheidung. Wenn der Abgeber sich nämlich jetzt entschließt, ab morgen doch noch weiter in der Praxis als Arzt zu arbeiten, hat sich das **Entscheidungsfeld** geändert. Dann beträgt sein Entscheidungswert in einem konkreten neuen Fall vielleicht 10.000 € (vorausgesetzt, er wird um Abgabe eines Angebotes gebeten, wobei dann 10.000 € nicht sein Angebotspreis wäre, der wäre sicher höher), weil er sich ausgerechnet hat, dass er unter Abwägung von Einnahmen, Arbeits- und Freizeitaktivitätenmix im Alter eben besser fährt, wenn er weiter arbeitet. Wenn ihm allerdings dann jemand mehr als 10.000 € für die Praxis anbietet, wäre der Verkauf unter diesen neuen, sehr persönlichen Randbedingungen für ihn vorteilhafter.

▶ Die Ermittlung des Entscheidungswertes ist sehr individuell geprägt und stets auf einen Zeitpunkt bezogen.

Wenn der Praxisabgeber hingegen formuliert, er würde die o. g. Praxis erst ab einem Preis von 10 Mio. € abgeben, stellt dieser Wert nicht seinen Entscheidungswert dar, denn offensichtlich liegt gar keine Verkaufsabsicht vor. Der Wert bestimmt sich aus einem **Zielsystem**. Das ist in diesem Beispiel nicht vorhanden. Der Wert hat keine logische, widerspruchsfreie, vollständige und von „Werturteilen" abstrahierende rational erklärbare Vorgehensweise zur Grundlage. Der Wert ist „irrational".

Aus der Sicht des Abgebers ist der Entscheidungswert eine Preisuntergrenze, die eingehalten werden muss, wenn bei Veräußerung kein wirtschaftlicher Nachteil für ihn ganz persönlich eintreten soll. Für den mutmaßlichen Käufer stellt sich das gegenteilig dar: Hier ist der Entscheidungswert genau die Preisobergrenze, den er gerade noch zahlen kann, ohne einen wirtschaftlichen Nachteil hinnehmen zu müssen. Und da der mutmaßliche Käufer in der Regel mehrere Alternativen hat, ist die Ermittlung der Entscheidungswerte (pro Alternative) hier erheblich komplexer. „Der Barwert der finanziellen Überschüsse aus der **rentabelsten Nutzung** des Betriebes, die unter den voraussichtlichen individuellen Verhältnissen des Erwerbers möglich ist, bestimmt üblicherweise dessen subjektiven [Entscheidungs-]wert" (IDW, Absatz 49). Das ist die äußerste Grenze seiner Konzessionsbereitschaft, denn die Entwicklung wird nur bestenfalls so sein wie hier angenommen.

Grundsätzlich können bei Unsicherheiten hinsichtlich der Eingangsdaten auch **Berichtigungen** vorgenommen werden. Dies findet sich in den einschlägigen Bewertungsverfahren für Arzt- und Zahnarztpraxen auch wieder. Ebenso ist eine abschließende **Sensitivitätsanalyse** sinnvoll.

Der Begriff „**Objektivierter Wert**" wurde in Abschn. 2.1 im Hinblick auf die in diesem Zusammenhang häufig gemachten grundsätzlichen Fehler bei der Wertermittlung bereits erklärt. Im Hinblick auf den **subjektiven Erwartungswert** ersetzt der Gutachter in der Beraterfunktion die bei der Ermittlung objektivierter Unternehmenswerte erforderlichen Typisierungen durch individuelle, auftragsbezogene Konzepte bzw. Annahmen (IDW). So nimmt zum Beispiel der präsumtive Käufer in einer Worse-Case-Betrachtung an, dass es nach der Übernahme der Praxis zu einem vorläufigen Rückgang der Neupatientenrate und damit des Umsatzes kommen könnte, den er erst in einigen Jahren wieder ausgleichen kann. Sein Entscheidungswert bleibt unberührt, aber der subjektive Erwartungswert sinkt (vgl. Abb. 2.2).

In der Schiedsgutachter- oder Vermittlerfunktion wird der Gutachter in nicht dominierten Konfliktsituationen unter Berücksichtigung der verschiedenen subjektiven Wertvorstellungen der Parteien einen **Arbitriumwert im Sinne eines**

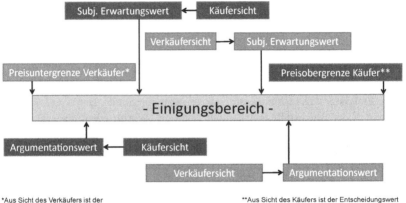

Abb. 2.2 Subjektiver Erwartungswert

Vermittlungswertes vorschlagen. In dieser Rolle kann der Gutachter auch als neutraler Gutachter betrachtet werden. Der Arbitriumwert in diesem Sinne ist der oben beschriebene Vermittlungswert, zunächst einmal unabhängig davon, ob er für die Parteien verbindlich ist oder nicht. Er soll eine Einigung zwischen Käufer und Verkäufer erleichtern oder bewirken. **Unverbindlich** ist die Benennung eines Vermittlungswertes zum Beispiel dann, wenn auf der Basis dieses Wertes weiter verhandelt werden kann. Bei der Ermittlung des Arbitriumwertes muss es eine Lösung geben, die aus der Sicht aller Konfliktparteien mit rationalem Handeln vereinbar ist. Zur Mühlen et al. (2010, zum Beispiel S. 15) sprechen in diesem Zusammenhang in der Regel von einem „neutralen Gutachten". Die folgende Verhandlung führt zum **Einigungswert**, der abweichend vom vorgeschlagenen Arbitriumwert sein kann.

In dominierten Konfliktsituationen muss der Gutachter ggf. subjektive Aspekte berücksichtigen (s. u.), was zum **Arbitriumwert im Sinne eines Schiedswertes** führt. **Verbindlich** ist die Benennung des Schiedswertes zum Beispiel dann, wenn er die Basis eines gerichtlichen Urteils ist. Hier ist der Anlass dominierend (Einigungszwang). Mit dem Urteil können dann auch etwaig ermittelte Entscheidungswerte verletzt werden.

Eine weitere **dominierte Konfliktsituation** besteht zum Beispiel dann, wenn Arzt A, der in Gemeinschaftspraxis mit Arzt B ist, sich von diesem trennen und die Praxis allein weiterführen will. Der Anlass ist für B dominierend, für A nicht. Es handelt sich um eine dominierte Konfliktsituation, weil „eine der beteiligten Konfliktparteien eine Änderung der Eigentumsverhältnisse auch gegen den erklärten Willen der anderen Parteien erzwingen" kann (Matschke und Brösel 2013, S. 93). Die Parteien müssen sich aufgrund vertraglicher Regelungen der Arbitriumwertermittlung im Hinblick auf die zu zahlende Abfindung beugen. Es ist ein Wert zu ermitteln, auch wenn unter gleichberechtigten Partnern keine Einigung zu erzielen wäre. Hier kann es ebenfalls sein, dass der vom Gutachter ermittelte Schiedswert mindestens den Entscheidungswert *einer* Partei verletzt – es existiert keine für alle Parteien zufriedenstellende Konfliktlösung. In diesem Fall schlägt Matschke (Matschke und Brösel 2013, S. 482) vor, dass der Arbitriumwert dem Entscheidungswert der dominierten Partei, hier Arzt B, entspricht, denn hier „wird die dominierte Partei nicht schlechter gestellt als bei Unterlassung der **Transaktion**". Außerdem muss sichergestellt sein, dass der Arbitriumwert aus Sicht der schutzwürdigen Parteien mit rationalem Handeln kompatibel ist. Es unterliege den jeweiligen Rechtsvorschriften, wessen Interessen schutzwürdig sind.

In dominierten Konfliktsituationen wird bei mindestens einem Bewertungssubjekt die Entscheidungsfreiheit unterbunden – er muss sich in der Regel einem Gerichtsurteil beugen. Voraussetzung für die Situation ist zumeist eine Auseinandersetzung, die auch dazu führt, dass es keinen originären Einigungsbereich und damit auch „keine mit dem Merkmal der Rationalität des Handelns aus Sicht *aller* Konfliktparteien zu vereinbarende Lösung gibt" (Matschke und Brösel, 2007, S. 552). Hier wird gefolgt, dass in einer solchen Situation das Merkmal der Rationalität des Handels dahingehend zu modifizieren sei, dass der Arbitriumwert aus Sicht der schutzwürdigen Parteien mit rationalem Handeln kompatibel ist. Der so ermittelte Arbitriumwert dient zum Beispiel dem Gericht als Entscheidungsgrundlage für ein Urteil. In jedem Fall muss der vom Gutachter vorgeschlagene Schiedswert grundsätzlich für beide Parteien zumutbar sein und deren Interessen angemessen wahren (Grundsatz der **Rationalität** des Handelns). Wikipedia (2014):

▶ Mit Rationalität wird ein vernunftgeleitetes und an Zwecken ausgerichtetes Denken und Handeln bezeichnet. Der Begriff beinhaltet die absichtliche Auswahl von und die Entscheidung für Gründe, die als vernünftig gelten, um ein bestimmtes Ziel zu erreichen.

Der **Tauschwert** kann als Preis aufgefasst werden. In einem vollkommenen Markt stimmen Preis und Wert überein. Davon kann bei Zahnarztpraxen nicht die Rede sein. Auch die Ermittlung von Werten, die sich aus beobachteten erzielten Preisen anderer Praxisveräußerungen ergeben haben, führen nicht zu einer objektiven Wertermittlung, weil die Marktsituationen unterschiedlich waren. Der Preis liegt irgendwo zwischen den Entscheidungswerten von Käufer und Verkäufer.

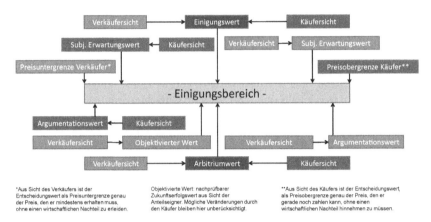

*Aus Sicht des Verkäufers ist der   Objektivierte Wert: nachprüfbarer   **Aus Sicht des Käufers ist der Entscheidungswert,
Entscheidungswert als Preisuntergrenze genau Zukunftserfolgswert aus Sicht der   als Preisobergrenze genau der Preis, den er
der Preis, den er mindestens erhalten muss,   Anteilseigner. Mögliche Veränderungen durch gerade noch zahlen kann, ohne einen
ohne einen wirtschaftlichen Nachteil zu erleiden. den Käufer bleiben hier unberücksichtigt.   wirtschaftlichen Nachteil hinnehmen zu müssen.

Abb. 2.3 Darstellung der Wertarten bei vorhandenem Einigungsbereich

Darüber hinaus gibt es noch weitere **Wertarten**, die für die hier betrachtete Thematik nicht relevant sind. In der funktionalen Unternehmensbewertung wird in dem oben beschriebenen Zusammenhang auch von Haupt- und Nebenfunktionen gesprochen. **Hauptfunktionen** sind die Entscheidungs-, die Argumentations- und die Vermittlungsfunktion. Die Gemeinsamkeit liegt in dem Bezug zur interpersonalen Konfliktsituation. **Nebenfunktionen** liegen vor, wenn Bewertungen nicht mit dem Ziel vorgenommen werden, die Eigentumsverhältnisse zu ändern: Steuerbemessungs-, Informations- und Vertragsgestaltungsfunktion. Die Wertart, die sich aus der Entscheidungsfunktion ergibt, heißt demnach **Entscheidungswert**.

In Abb. 2.3 sind die Wertarten graphisch dargestellt. Hier ist der Arbitriumwert der, der in einem neutralen Gutachten ermittelt werden würde. Die Situation kann dominiert oder nicht dominiert sein.

In Situationen, bei denen die Preisuntergrenze des Verkäufers oberhalb der Preisobergrenze des Käufers liegt, gibt es keinen Einigungsbereich und keinen Einigungswert (vgl. Abb. 2.4). Der Arbitriumwert kann im gesamten rationalen Bereich liegen. Die Situation kann dominiert und nicht dominiert sein. In nicht dominierten Situationen wird die Transaktion nicht vollzogen. In dominierten Konfliktsituationen müssen sich beide Parteien dem Vorschlag des Arbitriumwertes bzw. den Konsequenzen (zum Beispiel richterliches Urteil) beugen.

Anmerkung: Alle Werte – außer den Preisober- und Untergrenzen – sind in den Abbildungen nur beispielhaft eingebracht und relativ frei verschiebbar.

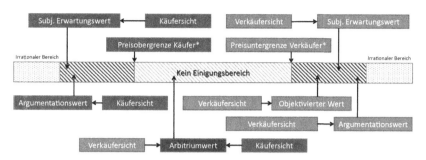

Abb. 2.4 Darstellung der Wertarten bei nicht vorhandenem Einigungsbereich

2.3   Wertfindung

Aus der Notwendigkeit der **Zukunftsbezogenheit** folgt, dass eine **Prognose** der zukünftigen finanziellen Überschüsse durchgeführt werden muss. Dazu sind grundsätzlich unternehmens- und marktorientierte zukunftsbezogene Informationen erforderlich (IDW, Abschn. 70 ff., 76). Im Hinblick auf das praktische Vorgehen müssen zunächst vergangenheitsbezogene Daten (zum Beispiel die Einnahmen-/Überschussrechnung der vergangenen Jahre) erfasst, analysiert und um die Faktoren bereinigt werden, die die objektiven Erfolgsursachen verfälschen. Das IDW schlägt für die Ermittlung der zukünftigen finanziellen Überschüsse ein mehrstufiges Verfahren vor. Für die erste Phase wird ein Zeitraum von drei bis fünf Jahren angenommen. Im Zusammenhang mit der **Personengebundenheit** herrscht im Zusammenhang mit der Bewertung von Arzt- und Zahnarztpraxen aber allgemein die Auffassung vor, dass eine verlässliche Prognose über diesen Zeitraum hinaus nicht möglich ist. Der Verfasser ist darüber hinaus der Auffassung, dass dies bereits für drei bis fünf Jahre sehr schwierig ist, weil der erste Erfolgsfaktor für eine Praxis in der Persönlichkeit des Arztes begründet ist (vgl. auch Sander und Müller 2011). Um hier eine Abschätzung möglich zu machen, sind umfangreiche Erfahrungen des Gutachters mit Praxisübernahmen die Voraussetzung.

Diese Problematik ist insbesondere bedeutsam, wenn es sich um die Ermittlung des **Entscheidungswertes** (und in der Folge zu ermittelnde Wertarten) für den mutmaßlichen Käufer handelt. Bei der Ermittlung des Entscheidungswertes des Verkäufers und bei der Ermittlung des objektivierten Wertes ist dies nicht so schwierig. Hier ist die Sicht der Fortführung durch den aktuellen Inhaber, dessen Persönlichkeit und deren Auswirkungen auf die Überschüsse ja bekannt sind, maßgeblich.

In Bezug auf die Personengebundenheit in Verbindung mit der Kapitalisierung führen Zur Mühlen et al. (2010, S. 40 ff.) aus, dass – je nach Standpunkt – die sogenannten Verflüchtigungs- bzw. Reproduktionsaspekte berücksichtigt werden müssen. **Verflüchtigungsaspekt** heißt: Zu welchem Zeitpunkt sind die Patienten der Praxis originär Patienten des Käufers? **Reproduktionsaspekt** heißt: Wie lange dauert es, bis die übernommene Praxis vollkommen von persönlichen Aspekten des Abgebers losgelöst ist? Die VSA (2012, Ziffer 6) formuliert es so: „Der begrenzte Kapitalisierungszeitraum wird in diesem Gedankenmodell erklärt als derjenige Zeitraum, in dem ein Arzt eine identische Praxis neu gründen und aufbauen könnte. Nur innerhalb dieses Zeitraums steht sich der Übernehmer einer laufenden Praxis annahmegemäß besser, danach liefern Neugründung und übernommene Praxis identische Erträge." Dieser Ansatz entspricht den vom Verfasser in Abschn. 4.4 angestellten Überlegungen.

▶   Die Problematik des Verflüchtigungs- bzw. Reproduktionsaspektes ist
    maßgeblich, weil sie das Ergebnis der Wertermittlung entscheidend
    (eben mit teilweise ganzzahligen Faktoren) beeinflusst.

Sie bestimmt den **bewertungsrelevanten Ergebniszeitraum**, der auch als **Prognosezeitraum** bezeichnet werden kann. Allgemein herrscht die Auffassung vor, dass der Barwert der abgezinsten prognostizierten Überschüsse der Praxis über den Ergebniszeitraum auf den Übergabestichtag berechnet werden muss. Hierbei sind auch **Risikozuschläge** zu berücksichtigen (vgl. Abschn. 3.4). Zur Mühlen et al. erweitern den Ergebniszeitraum auf zwei bis fünf Jahre.

Zur Mühlen et al. (2010, S. 48) führen weiter dazu aus, dass das nachhaltige Erfolgspotenzial vom Abgeber im Verlauf seiner Tätigkeit geschaffen wurde und dass dieses bei einer Neugründung erst geschaffen werden müsse. Im Hinblick auf den Prognosezeitraum wäre also die Frage zu stellen, wie lange es vermutlich dauert, bei einer Neugründung denselben Erfolg zu erreichen wie bei einer Übernahme (s. o.). Wegen der Personengebundenheit kann diese Frage nicht direkt beantwortet werden, weil ja eine Person nicht beide o. g. Wege gleichzeitig beschreiten kann. Allgemein ist dies aber untersucht worden (vgl. Abschn. 4.4).

2.4 Besonderheiten von KMU

Kleine und mittlere Unternehmen (KMU) grenzen sich durch folgende Punkte von großen Unternehmen ab (nach Matschke und Brösel 2013, S. 340):

- Eigentümer und Geschäftsführer sind in der Regel eine Person, wobei die Privatsphäre nicht klar von der betrieblichen Tätigkeit abgegrenzt werden kann. Der Eigentümer (typisch zum Beispiel ein Handwerksmeister) ist selten Kaufmann, sondern verfügt über Branchenkenntnisse und nimmt am Betriebsgeschehen teil. Er ist von Konfliktsituationen, wie sie durch die Bewertungsanlässe entstehen, persönlich betroffen.
- Der Eigentümer ist die zentrale Entscheidungsinstanz.
- Der Erfolg ist im Wesentlichen durch die Persönlichkeit und das Netzwerk (zum Beispiel Patientenkontakte) geprägt. „Eine Trendexploration auf Basis der Ergebnisse vorangegangener Perioden kann deshalb gar nicht oder nur sehr eingeschränkt als Prognosehilfe für zukünftige Erfolge herangezogen werden".

Insbesondere der letzte Punkt wird in der Diskussion um das geeignete Praxiswertermittlungsverfahren häufig kontrovers behandelt und stellt einen wesentlichen Betrachtungspunkt dieses Buches dar.

2.5 Substanz- und Ertragswert

Hinsichtlich der Beurteilung von **Unternehmenswerten** wird grundsätzlich zwischen Substanz- und Ertragswert unterschieden. Der **Substanzwert** ergibt sich allgemein aus Bewertungsansätzen, die den Wert der vorhandenen Substanz erfassen sollen. Dabei kann die Substanz durchaus aus materiellen und immateriellen Gütern wie zum Beispiel Patenten bestehen. Entscheidend ist die **Gegenwartsbezogenheit**. Welchen Wert hat das Unternehmen heute aufgrund der vorhandenen Substanz? Basis ist die Erfassung der ursprünglichen Anschaffungskosten der Anlagenteile, deren Beträge nutzungsdauer- und verschleißbedingt mit unterschiedlichen Ansätzen (**Buchwerte, Verkehrswerte, Zeitwerte** etc.) verringert werden.

Die Begriffe Substanzwert und **Substanzwertverfahren** werden in der Literatur sehr unterschiedlich ausgelegt. Einigkeit besteht darin, dass es sich um Begriffe handelt, die gegenwarts- und nicht zukunftsbezogen sind. Unter dem Aspekt der **Fortführung** (und das ist bei der Bewertung von Zahnarztpraxen regelmäßig der Fall) soll mit der Ermittlung des Substanzwertes beurteilt werden, welche künftigen Ausgaben vermieden oder zeitlich hinausgeschoben werden können (Matschke und

Brösel 2013, S. 315). Dies ist auch die Basis der Überlegungen zur Ermittlung des materiellen Praxiswertes in Abschn. 5. Der Substanzwert einschließlich materieller und immaterieller Wirtschaftsgüter ist unter dem Aspekt der Rekonstruktion der sogenannte Netto-Teil-Rekonstruktions-Alt-Wert. Diese „auch als Substanzwert im eigentlichen Sinne bezeichnete Größe ist wegen ihres fehlenden Bezugs zur Zielerfüllung und zu anderen Handlungsalternativen von Verkäufer und Käufer nicht zur Fundierung unternehmerischer Kauf- und Verkaufsentscheidungen geeignet."

▶ Dabei dürfen die Begriffe Substanz und Substanzwert nicht verwechselt
     werden. Die vorhandene Substanz hat selbstverständlich Einfluss auf
     den zukünftigen Erfolg des Unternehmens.

Vielfach werden auch Substanzwert und materieller Praxiswert im gleichen Sinne verwendet. Das ist zunächst einmal ein nicht korrekter Ansatz. Auch bei der Anwendung von Substanzwertverfahren werden der materielle und immaterielle Wert zu einer Gesamtgröße addiert. Bei der Bewertung von Arzt- und Zahnarztpraxen hat der immaterielle Wert jedoch einen anderen Stellenwert, was zu einem abweichenden Ansatz führt (s. u.).

Teilweise werden auch die **Umsatz- bzw. Gewinnmethode** den Substanzwertverfahren zugeordnet (vgl. Abschn. 3.3). Diese beinhalten ebenso materielle und immaterielle Wirtschaftsgüter. Die Begründung liegt dabei in der Vergangenheitsbezogenheit und insofern in der „vorhandenen, ideellen Substanz". Die Diskussion über die korrekte Zuordnung beider Bestandteile zu den Substanzwerten ist im Zusammenhang mit der Thematik dieses Buches aber rein akademischer Natur.

Im Hinblick auf die Ermittlung des **Ertragswertes** stehen die zukünftigen Erträge, die mit dem Unternehmen erwirtschaftet werden (können), im Fokus. Die zukünftig voraussichtlich zu erwirtschaftenden Erträge werden **kapitalisiert** und in einem Wert ausgedrückt. Zur Leistung trägt dabei natürlich auch die vorhandene Substanz bei. Bei der Anwendung von Ertragswertverfahren spielt aber der Wert der Substanz grundsätzlich keine separate Rolle, weil ausschließlich zukünftige Erträge – auch unter Berücksichtigung der vorhandenen Substanz – in die Bewertung einfließen (Achtung: Substanz und Substanzwert müssen differenziert betrachtet werden). Dies hat verschiedentlich bei der Bewertung von Arzt- und Zahnarztpraxen zu Irritationen geführt, weil Verfechter der Ertragswertmethode mit der separaten Ermittlung und Addition des Substanzwertes zum Ertragswert einen systematischen bewertungstheoretischen Fehler auszumachen glaubten. Denn in der korrekten Ermittlung des Ertragswertes sei der Einfluss der Substanz ja integriert (vgl. auch Friebe und Beusker 2012).

In der Praxis der Bewertung von Arzt- und Zahnarztpraxen hat sich von diesen bewertungstheoretischen Überlegungen abweichend durchgesetzt, eine getrennte Ermittlung von Ertragswert und Substanzwert dergestalt durchzuführen, dass der immaterielle Praxiswert als Ertragswert berechnet und zum Substanzwert addiert wird. Die Grundlage dieses Vorgehens besteht darin, dass der zukünftige Erfolg einer Praxis im Wesentlichen auf immateriellen Einflüssen – zumeist begründet in der Person des Praxisinhabers – beruht.

▶   Wenn zwei Zahnärzte einschließlich Praxis und Team abgesehen von
     dem Alter der Praxiseinrichtung sich exakt gleich verhalten und damit
     auch exakt die gleichen Erträge erwirtschaften, wird die Praxis mit der
     jüngeren Einrichtung höher bewertet werden müssen.

Der Vorteil der Praxis mit der jüngeren Einrichtung besteht darin, erst später als die Vergleichspraxis in Ersatz- oder Erweiterungen investieren zu müssen. Der entsprechende „**Ausgabenersparniswert**" ist als Substanzwert zum immateriellen Praxiswert zu addieren (vgl. auch Abschn. 5). Dies wird auch von der VSA (2012) so gesehen.

Anmerkung: Die folgenden Beispiele gelten für alle Bewertungsarten. Es handelt sich jeweils nicht um einen Wert an sich, sondern stets um den Wert aus der Sicht von jemandem.

Beispiel 2.2

Ein Zahnarzt 1 betreibt eine umsatz- und gewinnstarke Praxis in bester Lage und mit bester Ausstattung. Der Erfolg beruht auf seiner Persönlichkeit, dem Praxiskonzept und der hochwertigen Ausstattung. Aus der Prognose der zukünftig zu erwartenden Erträge wird ein hoher immaterieller Praxiswert x_1 ermittelt. Die Ausstattung, also die Substanz, ist verhältnismäßig neu. Der Praxisinhaber muss, um die prognostizierten Erträge zu erwirtschaften, verhältnismäßig spät in Ersatz investieren. Es wird ein hoher Ausgabenersparniswert y_1 ermittelt. Beide Werte werden zum Praxiswert z_1 addiert.

Beispiel 2.3

Ein Zahnarzt 2 betreibt eine Praxis, die aus gleichen Gründen ebenso erfolgreich ist wie die von Zahnarzt 1. Der immaterielle Praxiswert beträgt $x_2 = x_1$. Die Ausstattung ist aber älter als die von Zahnarzt 1, er muss früher in Ersatz investieren, um die prognostizierten Erträge zu erwirtschaften. Es wird ein niedrigerer Ausgabenersparniswert $y_2 < y_1$ ermittelt. Beide Werte werden zum Praxiswert z_2 addiert. Der Substanzwert ist hier niedriger als bei Zahnarzt 1. Der Praxiswert ist dementsprechend kleiner.

Beispiel 2.4

Ein Zahnarzt 3 betreibt eine umsatz- und gewinnschwache Praxis. Die Ursache dafür liegt in seiner Persönlichkeit, dem Praxiskonzept und der relativ neuen, aber durchschnittlichen Ausstattung. Sie ist nicht so hochwertig wie bei den Zahnärzten 1 und 2. Dies trägt auch zum geringeren Erfolg und somit zum kleinen immateriellen Praxiswert bei. Aus der Prognose der zukünftig zu erwartenden Erträge wird ein kleiner immaterieller Praxiswert x_3 ermittelt. Zahnarzt 3 muss, um die prognostizierten Erträge zu erwirtschaften, verhältnismäßig spät in Ersatz investieren. Es wird ein hoher Ausgabenersparniswert y_3 ermittelt. Beide Werte werden zum Praxiswert z_3 addiert.

Beispiel 2.5

Zahnarzt 4 betreibt eine Praxis, die der Praxis 3 ähnlich ist, nur ist die Ausstattung älter. Für den immateriellen Praxiswert wird ermittelt: $x_4 = x_3$. Es wird aber ein niedrigerer Ausgabenersparniswert $y_4 < y_3$ ermittelt. Beide Werte werden zum Praxiswert z_4 addiert. Der Substanzwert ist hier niedriger als bei Zahnarzt 3. Der Praxiswert ist dementsprechend kleiner.

Zusammenfassend kann festgehalten werden:

- Die zukünftigen Erträge einer Praxis stellen die Grundlage der Bewertung dar.
- Der immaterielle Praxiswert ist maßgeblich für den zukünftigen Erfolg, wobei die Substanz den zukünftigen Erfolg mit beeinflusst.
- Mit einer Ertragswertmethode wird der immaterielle Wert der Praxis ermittelt.
- Entscheidend ist die Zukunftsorientierung; die voraussichtlichen zukünftigen Erträge werden auf den Bewertungsstichtag abgezinst bzw. diskontiert und somit kapitalisiert.
- Zusätzlich zum Ertragswert fließt der Substanzwert als Ausgabenersparniswert in die Wertermittlung ein.

Literatur

Friebe M, Beusker B (2012) Zur Kritik am modifizierten Ertragswertverfahren für die Bewertung von Arztpraxen, PFB Wirtschaftsberatung. http://www.iww.de. Zugegriffen: März 2013

IDW (2008) IDW Standard: Grundsätze zur Durchführung von Unternehmensbewertungen (IDW S 1 i.d.F. 2008), 02.04.2008

Matschke MJ, Brösel G (2013) Unternehmensbewertung, 4 Aufl. Springer, Wiesbaden

Sander T, Müller MC (2011) Meine Zahnarztpraxis – Marketing. Springer, Heidelberg

Sander T, Müller MC (2012) Meine Zahnarztpraxis – Ökonomie. Springer, Heidelberg

VSA (2012) Modifiziertes Ertragswertverfahren bei der Bewertung von Arzt- und Zahnarztpraxen: gemeinsame Stellungnahme zu bewertungsrelevanten Fragen, Vereinigung der öffentlich bestellten und vereidigten Sachverständigen für die Bewertung von Arzt- und Zahnarztpraxen (VSA), 26.03.2012, http://www.praxisbewertung-wertgutachten.de. Zugegriffen: 05. Marz 2013

Wikipedia (2014) Definition Rationalität. http://de.wikipedia.org/wiki/Rationalit%C3%A4t. Zugegriffen: 06. Mai 2014

Zur Mühlen D, Witte A, Rohner M, Boos F (2010) Praxisbewertung. Deutscher Ärzte-Verlag, Köln

Methoden

3

Im Folgenden werden aus Sicht des Verfassers erwähnenswerte Verfahren aufgeführt. Verfahren, die die minimalen Grundanforderungen an Unternehmensbewertungen nicht erfüllen, finden hier keine Berücksichtigung (vgl. hierzu auch Zur Mühlen et al. 2010, S. 101). Eine Gewährleistung für Vollständigkeit kann nicht gegeben werden.

3.1 Ärztekammermethode

Bei der „Ärztekammermethode" (Hinweise zur Bewertung von Arztpraxen, 2008) und ihrem Vorgänger von 1987 handelt es sich um ein Verfahren zur Ermittlung des **objektivierten Praxiswertes** (vgl. Abschn. 2.1). Sie war grundsätzlich, jedenfalls mindestens bis zu den gravierenden Änderungen durch das Vertragsarztrechtsänderungsgesetz und das Wettbewerbsstärkungsgesetz in 2007, auch zur Anwendung für Zahnarztpraxen geeignet. Das Ziel der diesen Hinweisen vorangegangenen „Richtlinien" bestand unter anderem darin, einen Praxiswert zu ermitteln, der für den Verkäufer eine Entlohnung für die Abgabe seiner „**Lebensleistung**" darstellte (vgl. Zur Mühlen et al. 2010, S. 48). Dieser Grundgedanke basierte auf der **Niederlassungsbeschränkung**, die heute zumindest für die Zahnarztpraxen aufgehoben ist. Zur Zeit der Entstehung der Richtlinie gab es keinen freien Markt, der zur Bildung von Marktpreisen führte. Das Entgelt sollte die Situation des Abgebers angemessen würdigen – im Falle einer Nichtregelung hätte ein Übernehmer des „**Praxissitzes**" im Zweifel gar nichts, jedenfalls für den immateriellen Praxiswert, gegeben. Es spiegelt sich vollumfänglich die Sicht des Abgebers wider, woraus die Zuordnung zum objektivierten Praxiswert folgt.

T. Sander, *Grundlagen der Praxiswertermittlung*,
DOI 10.1007/978-3-642-55324-0_3, © Springer-Verlag Berlin Heidelberg 2014

Dieser Betrachtung aus der Sicht des Abgebers wurde aber von vornher-
ein eine Grenze vorgeschoben. Die Grundlagenermittlung geschieht nämlich
vergangenheitsbezogen, die Zukunftsorientierung wird durch **auf- und abmindernde Faktoren** hergestellt, die aber auf insgesamt höchstens 20 % Veränderung
beschränkt werden. Die Ärztekammermethode wird klassifiziert als Ertragswertmethode, was sicher kritisch diskutiert werden kann. Durch die Faktoren kommt
zum Ausdruck, was auch bei der Definition des objektivierten Wertes ausgedrückt ist: „Die so bewertbare Ertragskraft beinhaltet die Erfolgschancen, die sich
zum Bewertungsstichtag aus bereits eingeleiteten oder aus hinreichend konkretisierten Maßnahmen im Rahmen des bisherigen Unternehmenskonzeptes und
der Marktgegebenheiten ergeben. Mögliche, aber noch nicht hinreichend konkretisierte Maßnahmen (zum Beispiel Erweiterungsinvestitionen) sowie die daraus
vermutlich resultierenden finanziellen Überschüsse sind danach bei der Ermittlung
objektivierter Unternehmenswerte unbeachtlich"(vgl. Abschn. 2.1). Dies bedeutet
eine Einschränkung.

Die „Hinweise" sollen dazu dienen, „Kriterien zur Ermittlung des **Verkehrswertes** einer Arztpraxis oder eines Gesellschaftsanteils an einer Berufsausübungsgemeinschaft aufzustellen". Damit soll den Ärztekammern eine Entscheidungshilfe
hinsichtlich der Beurteilung der Angemessenheit des Verkehrswertes zum Beispiel
bei Prüfung eines Praxisübernahmevertrages gegeben werden. In SGB V § 103
Abs. 4 ist geregelt, dass der Kaufpreis einer Praxis den Verkehrswert nicht über-
steigen darf. Den Zulassungsgremien sollen die „Hinweise" zur Feststellung dieses
Verkehrswertes dienen.

▶   Der mit der Ärztekammermethode ermittelte Wert ist ein erster An-
    haltspunkt für einen eventuell zu erzielenden Preis bei durchschnittlich
    großen Praxen.

Der Verkehrswert entspricht, vereinfacht ausgedrückt, dem am Markt erzielbaren
Preis. Problematisch ist, dass es einen am Markt entstehenden Preis gar nicht
gibt (vgl. Abschn. 4.6). Allenfalls kann angenommen werden, dass der mit den
„Hinweisen" zu ermittelnde Wert eine Orientierung für die Marktteilnehmer ist
und damit eine besondere Art von Verkehrswert entsteht. Zu beachten ist, dass es
sich hier um einen klassischen Zirkelschluss handelt: Die Ärztekammermethode
gibt Hinweise zur Ermittlung des Verkehrswertes (den es gar nicht gibt), und
dann wird mit der Ärztekammermethode geprüft, ob der Verkehrswert ermittelt
wurde. Tatsächlich ist es so, dass mit der Ärztekammermethode die **Obergrenze**
des zulässigen **Kaufpreises** ermittelt wird.

Nach der Ärztekammermethode werden der Substanzwert und der ideelle Praxiswert addiert, wobei bei der Ermittlung des Substanzwertes nur kurz auf den Marktwert abgehoben wird. Zu beachten ist hier, dass der Marktwert bewertungstheoretisch auch zur Bestimmung des Substanzwertes ungeeignet ist (vgl. Abschn. 5) und auch in der gängigen Bewertungspraxis keine Anwendung findet. Grundsätzlich handelt es sich bei dem mit der Ärztekammermethode ermittelten Wert um einen aus Sicht des Abgebers „realitätsbezogenen" und nicht auf alle potenziellen Möglichkeiten (und Einschränkungen) eines mutmaßlichen Übernehmers bezogenen Wert. Dennoch kann man mit Einschränkungen von einer ertragswertorientierten Methode sprechen (siehe auch Anmerkungen oben in diesem Abschnitt).

Zur schnellen Übersicht wird hier die Vorgehensweise stichpunktartig zusammengefasst:

- Ermittlung von übertragbaren Umsätzen und Kosten
- In der Folge Ermittlung des übertragbaren Gewinns
- Abzug eines kalkulatorischen Arztlohns; daraus folgt der nachhaltig erzielbare Gewinn
- Multiplikation mit einem Prognosefaktor
- Korrektur durch wertbeeinflussende Faktoren
- Ermittlung des Substanzwertes
- Addition von immateriellem und materiellem Praxiswert

Das Verfahren wird im Hinblick auf die Ermittlung des immateriellen Praxiswertes ausführlich in Abschn. 4.1 erläutert.

Insbesondere der Ansatz des Prognosemultiplikators (2 bzw. 2,5 bei BAG) steht regelmäßig in der Kritik. Er wird mit einem wie in Abschn. 4.4 diskutierten Prognosezeitraum begründet, aber die Festlegung auf die o. g. Zahlen wird nicht ausreichend diskutiert. Der Ansatz des kalkulatorischen Arztlohns wird ebenfalls oft kritisiert. Bisher existieren verwertbare Alternativvorschläge nach Kenntnis des Verfassers nicht. In diesem Buch werden die Ansätze des Prognosemultiplikators (Abschn. 4.4) und des kalkulatorischen Arztlohns (Abschn. 4.3) ausführlich diskutiert.

3.2 Modifiziertes Ertragswertverfahren

Das zukunftsorientierte **Ertragswertverfahren**, wie es auch im IDW-Standard beschrieben wird (IDW 2008), stellt heute die anerkannte Methode bei den Unternehmensbewertungen dar. Danach wird der **Zukunftsertragswert** eines

Unternehmens aus dem nachhaltig zu erzielenden **Ertrag** mit Hilfe eines **Kapitalisierungszinssatzes** über den **Kapitalisierungszeitraum** ermittelt. Im Hinblick auf die Besonderheiten bei KMU und insbesondere bei Freiberuflern – speziell wegen der Problematik der Personengebundenheit – wurde das Verfahren modifiziert. Zur schnellen Übersicht wird hier die Vorgehensweise stichpunktartig zusammengefasst:

• Entscheidung über Wertart: Welche Art von Gutachten soll angefertigt werden
• Zeitreihenanalyse: Auswertung der Vergangenheitserfolge
• Kennziffernanalyse: Vergleich mit Kennziffern anderer Praxen
• Bereinigung um außerordentliche Ereignisse
• ggf. Gewichtung des Zwischenergebnisses bei starken jährlichen Abweichungen
• Zukunftsanalyse auf der Basis des o. g. Zwischenergebnisses unter Berücksichtigung individueller beeinflussender Faktoren und des Verflüchtigungszeitraums unter Anwendung einer auf der Umsatz- und Kostenanalyse basierenden Prognoserechnung
• Berücksichtigung eines kalkulatorischen Unternehmerlohns
• ggf. Berücksichtigung der persönlichen Steuerbelastung
• Kapitalisierung
• Substanzwertermittlung
• Addition von immateriellem und materiellem Praxiswert
• Plausibilitätskontrolle

Das Verfahren wird im Hinblick auf die Ermittlung des immateriellen Praxiswertes ausführlich in Abschn. 4.2 erläutert.

▶   Das modifizierte Ertragswertverfahren ist allgemein als Methode der
     Wahl für die Bewertung von Arzt- und Zahnarztpraxen anerkannt.

Hinsichtlich der Anerkennung in der Fachwelt und in der Bewertungspraxis steht das **modifizierte Ertragswertverfahren** außerhalb jeder Kritik. Kritisiert werden allenfalls einzelne Aspekte und konkrete Ausführungen zum modifizierten Ertragswertverfahren (vgl. zum Beispiel VSA 2012). Über teilweise grundlegende Modellannahmen herrscht Uneinigkeit. Bemängelt wird daher – auch vom Verfasser – das Fehlen einer standardisierten Vorgehensweise (vgl. auch Friebe und Beusker 2012). In diesem Zusammenhang weist der Verfasser darauf hin, dass die in diesem Buch unterbreiteten Ausführungen und Beispiele durchaus von anderen Experten im Detail abweichend gesehen werden können.

3.3 Weitere Verfahren

In Abschn. 2.5 wurden die Begriffe Substanz- und Ertragswerte sowie die zugehörigen Grundlagen der Bewertungsmethoden erläutert. Es wurde darauf hingewiesen, dass insbesondere die Substanzwertverfahren unterschiedlich definiert werden. So werden häufig auch Umsatz- und die Gewinnmethode zu den Substanzwertverfahren gezählt. Bei der **Umsatzmethode** bilden die Umsätze der letzten drei bis fünf Jahre die Basis der Wertermittlung. Vom arithmetischen Mittel dieser Umsätze wird dann ein bestimmter Prozentsatz (zum Beispiel 25 %) als Ausgangsgröße angenommen, die anschließend durch Zu- und Abschläge (wie bei der Ärztekammermethode) korrigiert wird. Bei der **Gewinnmethode** wird analog verfahren, nur dass die Gewinne die Basis darstellen. Hier wird dann zum Beispiel 50 % des mittleren Gewinns als Ausgangsgröße angenommen.

Diese Methoden (bzw. die Kombination der Methoden) werden noch heute, zum Beispiel von **Depots**, zur Ermittlung des Praxiswertes herangezogen. Die wesentliche Kritik an diesen Verfahren besteht in der Willkür bei der Festsetzung der o. g. Prozentsätze und bei der Begrenzung des Einflusses der Zu- und Abschläge. Dem Verfasser ist der Ursprung dieser Größen nicht bekannt. Außerdem sind Manipulationen durch zeitliche Verschiebungen von Umsatz und Gewinn relativ leicht möglich. Der Hauptkritikpunkt aber besteht in der mangelnden Zukunftsorientierung dieser Verfahren. Die Notwendigkeit der Zukunftsorientierung bei der Praxisbewertung wird in diesem Buch an verschiedenen Stellen ausführlich diskutiert.

Die Ärztekammermethode wurde bereits in Abschn. 3.1 vorgestellt. Hinsichtlich der Grundstruktur der Verfahren handelt es sich hierbei um eine Methodik der Substanzwertverfahren: „Was ist – gegenwartsbezogen – vorhanden?" Bei der Ermittlung des materiellen Praxiswertes bleibt es auch dabei. Hinsichtlich der Ermittlung des immateriellen Praxiswertes wird die Substanz aus der Betrachtung der jüngeren Vergangenheit abgeleitet, korrigiert durch zukunftsbezogene Auf- und Abschläge, die begrenzt und schwer nachvollziehbar sind. Außerdem handelt es sich um Größen, die nur qualitativ und nicht quantitativ in die Wertermittlung einfließen. Die Ärztekammermethode selbst wird als ertragswertorientiertes Verfahren angesehen, weil zwar die Berechnungsgrundlagen auf der Basis der Vergangenheit ermittelt werden, aber durch die Systematik des Verfahrens eine Zukunftsorientierung angestrebt wird. In der Vergangenheit wurde auch Kritik an der Vermengung der Vermögensgröße, dargestellt durch den Praxiswert, mit der Einkommensgröße „Arztlohn" geübt. Im Hinblick auf die heute favorisierte modifizierte Ertragswertmethode besteht an dieser Vermengung keine Kritik mehr. (Anmerkung: An

der Verwendung des Ansatzes eines Arzt- und nicht Unternehmerlohns besteht
weiterhin erhebliche Kritik, vgl. Abschn. 4.3.)

Bei der sogenannten **Praktikermethode** werden die Umsätze bzw. die Gewinne
der letzten Jahre gewichtet gemittelt. Je näher das zu wichtende Jahr am Bezugs-
zeitpunkt liegt, desto höher ist die Wichtung. Anschließend wird das gewichtete
Mittel errechnet.

3.4 Brutto- und Nettomethode, Zinsansätze

Zum Zeitpunkt der Erarbeitung dieses Buches bestand noch keine abschließende
Klarheit darüber, ob bei der Bestimmung eines Wertes für die Praxis im Rahmen
des Zugewinnausgleichsverfahrens die Brutto- oder die Nettomethode anzuwenden
ist. Neuere Grundlage ist das Urteil BGH, XII ZR 40/09 vom 9.2.2011.

In dem Verfahren ging es um die stichtagsbezogene Bewertung einer Zahnarztpraxis im Hinblick auf den **Zugewinnausgleich**. Danach ist der Goodwill einer
freiberuflichen Praxis grundsätzlich als immaterieller Vermögenswert in den Zugewinnausgleich einzubeziehen. Es ist ein Unternehmerlohn abzusetzen, der sich
an den individuellen Verhältnissen des Inhabers orientiert. Allerdings setzt die
Bewertung eine Verwertbarkeit der Praxis voraus, was zur Konsequenz hat, dass
unabhängig von der tatsächlichen Veräußerungsabsicht latente Ertragssteuern bei
der Wertermittlung in Ansatz gebracht werden müssen.

Die Vorgehensweise, die im Folgenden beschrieben und als **Nettomethode**
bezeichnet wird, wurde vom Bundesgerichtshof bestätigt: Von den Betriebseinnahmen seien Kosten, Ausgaben und die Abschreibung abzusetzen (dieser Punkt wäre
noch zu diskutieren, vermutlich meint der Gerichtshof den Berechnungsweg zum
nachhaltigen Zukunftsertrag). Von dem sich daraus ergebenden **Praxisrohgewinn**
seien Ertragssteuern und ein **kalkulatorischer Unternehmerlohn** abzusetzen. Der
sich ergebende Ertragswert sei mit einem **Rentenbarwertfaktor** zu multiplizieren.
Eine solche Methode erscheine (dem Bundesgerichtshof) grundsätzlich geeignet,
den Goodwill einer freiberuflichen Praxis zu ermitteln. Die weitere Entwicklung ist
zu beachten.

Grundlage dieser Überlegung ist der Ansatz der Kapitalisierung zukünftiger
Erträge. Nach der Formel der „Ewigen Rente"

$$W = \frac{R}{i} \qquad\qquad (3.1)$$

mit

W: Barwert der ewigen Rente
R: Rente (gleichbleibende Zahlung)
i: Kalkulationszinssatz

kann entschieden werden, welche der beiden Alternativen

- einmalige Zahlung (Barwert) oder
- gleichbleibende Zahlung (unendlich)

mit der Annahme eines bestimmten Kalkulationszinssatzes günstiger ist. Wenn beispielsweise ein Grundstück einen Verkaufserlös von 1.000.000 € (entspricht W) erbringen würde, entspräche dies mit der Annahme eines Kalkulationszinssatzes in Höhe von 5 % gemäß Formel (3.1) einer gleichbleibenden Zahlung in Höhe von jährlich 50.000 € (entspricht R, ewige Rente).

Bei der Nettomethode ist nun zu beachten, dass im Vergleich sowohl der Ertrag R als auch der Kapitalertrag (i) versteuert werden muss. Sind die Steuersätze in beiden Fällen gleich, ändert sich theoretisch nichts – dann entspricht die Nettomethode der Bruttomethode, weil die Steuersätze im Zähler und Nenner der Gleichung gekürzt werden können. Bedeutsam wird die Nettomethode insbesondere, wenn die Steuersätze verschieden hoch sind.

Auch Zur Mühlen et al. (2010) präferieren entsprechend die Nettomethode, nach der im Rahmen des modifizierten Ertragswertverfahrens mit den prognostizierten Nettoüberschüssen zu rechnen ist. Hierzu wird der nachhaltige Zukunftsertrag um die typisierte Ertragssteuer in Höhe von 35 % reduziert und davon der ebenfalls in gleicher Weise reduzierte **Unternehmerlohn** subtrahiert. Der so ermittelte nachhaltige Reinertrag wird mit einem Rentenbarwertfaktor multipliziert, dessen Kapitalisierungszinsfuß ebenfalls um 26,375 % (Abgeltungssteuer) reduziert wird (vormals 35 %, vgl. Zur Mühlen et al. 2010, S. 49 und Anlage 1). Bei der Nettomethode wird also die persönliche Steuer des Praxisinhabers bei der Ermittlung des langfristigen Ertrages typisiert berücksichtigt. **Typisierung** ist die Zurückführung gleichartiger oder als vergleichbar anzusehender Sachverhalte auf einen „Typus". Für diesen Typus wird eine Lösung zur steuerlichen Behandlung festgelegt, die schließlich auf die Einzelsachverhalte angewandt wird. Diese Typisierungen sorgen für eine einfache und gleichmäßige Besteuerung und begrenzen die Höhe der Aufwendungen.

Die Anwendung der Nettomethode im Hinblick auf den wirtschaftlichen Vergleich zu einer Alternative berücksichtigt, dass die Nettoerträge in Abhängigkeit zum Beispiel vom Ort der Alternativinvestition bei gleichen Bruttoerträgen unterschiedlich sein können. Um die Vergleichbarkeit herzustellen, wird mit Hilfe der Nettomethode der Wert der Praxis so bestimmt, als würde sich der nachhaltige **Reinertrag nach Steuern** in dem Praxiswert bündeln, der als Vergleichsgröße herangezogen wird. Jetzt sind die Alternativen vergleichbar. Dies gilt nur für den immateriellen Praxiswert. Die Investition in den materiellen Praxiswert führt nicht zu (zu versteuernden) Erträgen.

Im Hinblick auf das praktische Vorgehen empfehlen Zur Mühlen et al. (2010) die **Multiplikatormethode**. Das Vorgehen entspricht grundsätzlich dem in Abschn. 4.2 vorgestellten Verfahren im Rahmen des modifizierten Ertragswertverfahrens. Abweichend wird hier der Rentenbarwertfaktor im Rahmen der modifizierten Ertragswertmethode mit dem nachhaltigen Reinertrag multipliziert zum ideellen Praxiswert. Er ist abhängig vom Kapitalisierungszins und vom Ergebniszeitraum. Der nachschüssige Rentenbarwertfaktor a_n wird wie folgt ermittelt:

$$a_n = \frac{1 - \left(\frac{1}{1+i}\right)^n}{i} \qquad (3.2)$$

mit

a_n = nachschüssiger Rentenbarwertfaktor

i = Kapitalisierungszins nach Steuer

n = Ergebniszeitraum

Hinsichtlich des Zinssatzes zur **Diskontierung** sollte vom aktuellen Kapitalmarktzins am Bewertungsstichtag ausgegangen werden. Hierbei wird üblicherweise der Ansatz der Umlaufsrenditen inländischer Inhaberschuldverschreibungen/Insgesamt/Monatsdurchschnitte (Deutsche Bundesbank 2014) gewählt. Nach allgemeiner Auffassung sollte dieser Zinssatz mit einem **Risikoaufschlag** versehen werden, weil gegenüber der zum Vergleich herangezogenen Anlageformen beim Erwerb und Betrieb höhere Risiken bestehen. Allerdings sind diese im Hinblick auf die kleine Dauer des Ergebniszeitraumes eher gering. Empfohlen werden hier zwei bis vier Prozentpunkte. Die VSA (2012) geht vom Ansatz der Umlaufrendite öffentlicher Anleihen als Basiszinssatz (Deutsche Bundesbank 2014) aus, zu dem ein Risikozuschlag addiert wird. Das **Marktrisiko** wird mit 2 bis 6 % nach Steuern bewertet (vgl. auch KPMG, Kapitalkostenstudie 2012/2013, und zur Mühlen et al. 2010). Schmid-Domin (2013, S. 189) schlägt einen Aufschlag auf den Basiszins in Höhe von 50 % vor, und reduziert anschließend um die typisierte Ertragssteuer (bei ihm 25 %).

Im April 2013 betrugen die o. g. Umlaufrenditen 1,0 %. Für den Risikozuschlag wird im folgenden Beispiel 2 % gewählt. Als Wert für den Zinssatz i soll hier also i = 1,0 + 2,0 = 3,0 % bzw. i = 0,03 eingesetzt werden. Dieser Wert muss um die

typisierte Abgeltungssteuer in Höhe von 26,375 % reduziert werden. Es ergibt sich
$i = 0{,}022$ und daraus der nachschüssige Rentenbarwertfaktor zu:

$$a_n = \frac{1 - \left(\frac{1}{1+0{,}022}\right)^3}{0{,}022} = 2{,}873 \tag{3.3}$$

Für eine Praxis, für die ein nachhaltiger Zukunftsertrag (übertragbare Umsätze abzgl. übertragbare Kosten) in Höhe von 150.000 € ermittelt wird, wird zunächst die
typisierte Ertragssteuer in Höhe von 35 % subtrahiert. Dann wird der Unternehmerlohn ermittelt, der ebenfalls um 35 % reduziert und vom reduzierten nachhaltigen
Zukunftsertrag subtrahiert wird. Der sich ergebende nachhaltige Reinertrag wird
mit dem Rentenbarwertfaktor multipliziert.

Beispiel 3.1

Ermittlung des nachhaltigen Zukunftsertrages	150.000
abzgl. 35% typ. Ertragssteuer=52.500 €	97.500
abzgl. Unternehmerlohn 100.000€ gemäß Tabelle 5.1, reduziert um typ. Ertragssteuer=65.000 €, ergibt den nachhaltigen Reinertrag	32.500
mal Rentenbarwertfaktor 2,873	93.400
= ideeller Wert	

Der so ermittelte ideelle Praxiswert auf der Basis der Nettomethode beträgt 93.400 €.

Für die Bewertungspraxis ist in diesem Zusammenhang die praktische Anwendung in Form der **Multiplikatormethode** interessant: Der Reinertrag wird zum
ideellen Praxiswert mittels Multiplikation mit dem Rentenbarwertfaktor berechnet. Der Rentenbarwertfaktor wiederum kann leicht mit einem Ergebniszeitraum
ermittelt werden, der nicht ganzzahlig sein muss. Im Hinblick auf die Diskussion
über die Goodwill-Reichweite (vgl. Abschn. 4.4) ist dies ein wesentlicher Vorteil.

Literatur

Bundesärztekammer, Kassenärztliche Bundesvereinigung (22. Dez. 2008) Hinweise zur
    Bewertung von Arztpraxen. Deutsches Ärzteblatt 105(51–52): A2778 ff
Deutsche Bundesbank (2014) Erzeugerpreise gewerbliche Wirtschaft. Umlaufrenditen in-
    ländischer Inhaberschuldverschreibungen. Umlaufrendite öffentlicher Anleihen. http://
    www.bundesbank.de. Zugegriffen: 5. März 2013

Friebe M, Beusker B (2012) Zur Kritik am modifizierten Ertragswertverfahren für die Bewertung von Arztpraxen, PFB Wirtschaftsberatung. http://www.iww.de,März2013.de. Zugegriffen: 5. März 2013

IDW (2008) IDW Standard: Grundsätze zur Durchführung von Unternehmensbewertungen (IDW S1 i. d. F. 2008), 02.04.2008

KPMG (2013) Kapitalkostenstudie 2012/2013. http://www.kpmg.com/DE/de/Documents/kapitalkostenstudie-2012-2013-KPMG.pdf. Zugegriffen: 6. Mai 2014

Schmid-Domin HG (2013) Bewertung von Arztpraxen und Kaufpreisfindung. Methoden – Beispiele – Rechtsgrundlagen. Erich, Berlin

VSA (2012) Modifiziertes Ertragswertverfahren bei der Bewertung von Arzt- und Zahnarztpraxen: gemeinsame Stellungnahme zu bewertungsrelevanten Fragen, Vereinigung der öffentlich bestellten und vereidigten Sachverständigen für die Bewertung von Arzt- und Zahnarztpraxen (VSA), 26.03.2012. http://www.praxisbewertung-wertgutachten.de. Zugegriffen: 5. März 2013

Zur Mühlen D, Witte A, Rohner M, Boos F (2010) Praxisbewertung. Deutscher Ärzte-Verlag, Köln

Zur Ermittlung des immateriellen Praxiswertes

4

In den folgenden Abschnitten wird stets die **Bruttomethode** angewendet. Falls die **Nettomethode** zum Ansatz kommen soll, gelten zunächst die gleichen Grundsätze. Lediglich nach der Ermittlung des nachhaltigen Zukunftsertrages ist dann wie in Abschn. 3.4 beschrieben vorzugehen.

4.1 Ärztekammermethode

Bei der Ärztekammermethode werden zunächst die **übertragbaren Umsätze** ermittelt. Unter den übertragbaren Umsätzen wird im Hinblick auf die Ermittlung des immateriellen Praxiswertes der durchschnittliche Umsatz der letzten drei Kalenderjahre vor dem Jahr der Bewertung verstanden. Es sind dies alle Umsätze aus vertrags- und privatzahnärztlicher Tätigkeit. Dabei sind aus der Sicht der Hinweise nur die Umsätze übertragbar, die nicht individuell personengebunden sind. So müssen zum Beispiel Umsätze aus Gutachter- oder Belegarzttätigkeiten sowie aus Miet- und Zinserträgen zur Ermittlung der übertragbaren Umsätze subtrahiert werden. Positiv zu berücksichtigen sind gemäß den Richtlinien Umsatzausfälle zum Beispiel durch Krankheit des Abgebers. Die Hinweise enthalten aber auch an dieser Stelle einen zukunftsorientierten Aspekt. So sind „vorhersehbare künftige Veränderungen (zum Beispiel geänderte Abrechnungsmöglichkeiten)" ebenfalls zu berücksichtigen. Der übertragbare Umsatz wird dann durch Mittelwertbildung der drei betrachteten Jahre ermittelt.

Diesen Grundüberlegungen entsprechend werden anschließend die übertragbaren Kosten ermittelt, also der Mittelwert der Kosten der letzten drei Jahre vor

T. Sander, *Grundlagen der Praxiswertermittlung*,
DOI 10.1007/978-3-642-55324-0_4, © Springer-Verlag Berlin Heidelberg 2014

Tab. 4.1 Bemessung des abzuziehenden Arztgehalts

Übertragbarer Umsatz in TEuro	< 40	40	65	90	115	140	165	190	215	240
Kalkulatorischer Arztlohn in TEuro	0	15,2	22,8	30,4	38	45,6	53,2	60,8	68,4	76

dem Bewertungsjahr. Nicht betrachtet werden sollen die **kalkulatorischen Kosten** (**Abschreibungen** und **Finanzierungskosten**) sowie die Kosten, die mit dem Erzielen von nicht übertragbaren Umsätzen zusammenhängen (zum Beispiel Gehälter oder Abgaben bei Belegarzttätigkeiten). Außerdem sollen unangemessen hohe oder niedrige **Gehälter** korrigiert werden. Schließlich sollen zukünftig entstehende Kosten wie beispielsweise **Mietzahlungen** für im Eigentum des Abgebers befindliche **Praxisräume** subtrahiert werden.

Die Differenz zwischen dem übertragbaren Umsatz und den übertragbaren Kosten stellt den übertragbaren **Gewinn** (vor Steuern) dar. Um den nachhaltig erzielbaren Gewinn zu ermitteln, wird nun ein **kalkulatorischer Arztlohn** als alternatives **Arztgehalt** abgezogen. Als Basis dienen Facharztgehälter aus dem Klinikbereich oder etwa der Pharmaindustrie. In der aktuellen Fassung sollen 76.000 € ab einem übertragbaren Umsatz in Höhe von 240.000 € angesetzt werden – bei geringeren übertragbaren Umsätzen soll dieser Betrag gemäß Tab. 4.1 reduziert werden, zum Beispiel 45.600 € bei einem übertragbaren Umsatz in Höhe von 140.000 €.

Zu beachten ist hier der Hinweis auf die **Honorarumsätze**. Gerade bei Zahnärzten stellt sich die Frage, ob der **Gesamtumsatz** – also einschließlich der Eigen- und **Fremdlaborumsätze** – oder eben nur der Honorarumsatz anzusetzen ist. Tatsächlich wird dies von Gutachtern in der Praxis unterschiedlich gesehen. *Sander und Müller* vertreten die Auffassung, dass hier lediglich die Honorarumsätze in Ansatz gebracht werden dürfen (Sander und Müller 2012, S. 76 ff.). Für die Ermittlung des Praxiswertes spielt das unmittelbar keine Rolle, weil bei Ansatz des Gesamtumsatzes die Laborumsätze wieder zu subtrahieren wären. Relevant wird diese Diskussion bei der Anwendung der **Umsatzmethode** (vgl. Abschn. 3.3). Im Zusammenhang mit der Herabsetzung des kalkulatorischen Arztlohns ist das von großer Bedeutung. Der Autor empfiehlt, hier die Honorarumsätze als Maßstab zu nehmen.

Schließlich wird der **ideelle Praxiswert** dann dadurch ermittelt, dass der nachhaltig erzielbare Gewinn mit einem **Prognosefaktor** multipliziert wird. Dieser soll die (zeitlich begrenzte) Bindung der vorhandenen Patienten an die Praxis auch nach dem Ausscheiden des Praxisinhabers ausdrücken. Bei Einzelpraxen wird davon ausgegangen, dass der zugehörige Zeitraum zwei Jahre, bei dem Vorhandensein mehrerer Gesellschafter zweieinhalb Jahre beträgt. Anders ausgedrückt soll der Prognosefaktor die **Verflüchtigung** des ideellen Wertes aufgrund der **Personengebundenheit** nach dem Ausscheiden des früheren Praxisinhabers berücksichtigen.

Insbesondere der Ansatz des **Prognosemultiplikators** (2 bzw. 2,5 bei Berufsausübungsgemeinschaften) steht regelmäßig in der Kritik. Er wird mit einem wie in Abschn. 2.2 diskutierten **Prognosezeitraum** begründet, aber die konkrete Festlegung auf die o. g. Zahlen erscheint nicht ausreichend empirisch fundiert (vgl. hierzu auch Abschn. 4.4). Die empirische Auswertung von Daten eines zahnärztlichen Existenzgründungs-Panels des IDZ ergab, dass Neugründungen im Schnitt nach fünf Jahren (d. h. mit einsetzender betriebswirtschaftlicher Konsolidierung) einen höheren Einnahmensaldo aufwiesen als Praxisübernahmen (95.000 € gegenüber 91.000 €) (Klingenberger und Becker 2008).

Nach der auf diese Weise durchgeführten Praxiswertermittlung (Goodwill) können gemäß der Hinweise zusätzlich noch wertsteigernde und wertmindernde Aspekte in Ansatz gebracht werden. Allerdings sollen diese den wie oben ermittelten Wert nicht um mehr als 20 % nach oben bzw. unten verändern. Folgende Faktoren können berücksichtigt werden (Bundesärztekammer, Kassenärztliche Bundesvereinigung 2008):

- Ortslage der Praxis,
- Praxisstruktur (zum Beispiel Überweisungspraxis, Konsiliarpraxis),
- Arztdichte,
- Möglichkeit/Pflicht, die Praxis in den Räumen weiterzuführen,
- Qualitätsmanagement,
- Regionale Honorarverteilungsregelungen für den Vertragsarzt,
- Dauer der Berufsausübung des abgebenden Arztes,
- Tätigkeitsumfang,
- Anstellung von Ärzten,
- Kooperationen,
- Infrastruktur,
- Aufbau- und Ablauforganisation der Praxis.

Der Ansatz dieser Korrekturen ist – wie andere Aspekte der Hinweise (Arztlohn, Prognosemultiplikator) auch – umstritten. So wird einerseits diskutiert, inwieweit die **Ortslage** oder die **Praxisstruktur**, die bereits in die Ermittlung des nachhaltig erzielbaren Gewinns indirekt eingeflossen sind, weil sie den Umsatz und die Kosten beeinflussen, ein zweites Mal (nun direkt) berücksichtigt werden dürfen. Andererseits kommen **Zukunftsaspekte** ins Spiel. So kann zum Beispiel der Wert der Praxis deutlich (aber insgesamt maximal um 20 %) reduziert werden, wenn die Lage zukünftig (etwa wegen der **Wettbewerbssituation**) ungünstig zu werden droht, die Praxis aber in den vorhandenen Räumen weitergeführt werden muss.

Beispiel 4.1

Ein Arzt/Zahnarzt möchte seine Praxis verkaufen. Er möchte einen Anhaltspunkt dafür bekommen, welchen Preis er am Markt erzielen kann. Der Gutachter schlägt vor, den „objektivierten Wert" zu ermitteln. Das ist der Wert, der sich aus der Fortführung der Praxis ergibt, wenn keine wesentlichen Veränderungen vorgesehen sind und dies auch so in die Berechnung einfließen soll. Der Gutachter macht klar, dass dies zunächst einmal nicht der Entscheidungswert ist, sondern die Basis der Wertermittlung aus Sicht des Verkäufers. Der Entscheidungswert und auch der tatsächlich zu erzielende Erlös können deutlich von diesem objektivierten Wert abweichen. Weiterhin schlägt der Gutachter vor, als Methode zur Ermittlung des objektivierten Wertes die Ärztekammermethode anzuwenden.

Die Praxis hatte in den vergangenen Jahren einen stabilen Umsatz von 405.000 €. 5.000 € davon wurden regelmäßig durch Gutachten und Vorträge, die der Praxisinhaber geleistet hat, erzielt. Dieser Umsatz entspricht dem durchschnittlichen Jahresumsatz der letzten drei Kalenderjahre. Der Gutachter stellt fest, dass der Umsatz um die individuell personengebundenen Leistungen bereinigt werden muss. Er kommt zu dem Ergebnis, dass der übertragbare Umsatz 400.000 € beträgt.

Die durchschnittlichen Kosten betragen 250.000 €, wovon 20.000 € für Abschreibungen und Finanzierungskosten anfielen. Diese werden vom Gutachter von den durchschnittlichen Kosten subtrahiert. Die übertragbaren Kosten 1) betragen somit 230.000 €. Weiterhin stellt der Gutachter fest, dass das Gehalt für die mitarbeitende Ehefrau unangemessen hoch ist, bewertet diese Überhöhung mit 10.000 € und subtrahiert sie von den übertragbaren Kosten 2), die dann 220.000 € betragen. Zukünftig entstehende Kosten, wie zum Beispiel Miete an den Verkäufer, werden nicht erwartet, weil sich die Praxisräume nicht im Eigentum des Verkäufers befinden und vom Vermieter auch keine Mietkostenänderungen zu erwarten sind. Deshalb werden für die übertragbaren Kosten 220.000 € angesetzt.

Der Gutachter ermittelt nun den übertragbaren Gewinn: 400.000 € abzüglich 220.000 € übertragbare Kosten gleich 180.000 €. Von diesem übertragbaren Gewinn zieht der Gutachter nun einen kalkulatorischen Arztlohn ab. Dieser wird gemäß der Ärztekammermethode mit 76.000 € angesetzt. Der somit nachhaltig erzielbare Gewinn der Praxis beträgt 104.000 €.

Jetzt multipliziert der Gutachter den nachhaltig erzielbaren Gewinn mit dem Prognosefaktor von f = 2, da es sich um eine Einzelpraxis handelt. Die Höhe des ideellen Praxiswertes beträgt somit 208.000 €. Der Gutachter bewertet nun die in den Hinweisen der Bundesärztekammer angeführten Kriterien, die sich wertsteigernd oder wertmindernd auswirken können. Bis auf die zunehmende Arzt-/Zahnarztdichte kann er nichts Relevantes feststellen. Er bewertet dies wertmindernd mit 10 %. Das Endergebnis zur Berechnung des ideellen Praxiswertes beträgt somit 187.200 €. Der Gutachter schlägt vor, von einem Wert von 190.000 € auszugehen, indem er den Wert auf zwei signifikante Stellen aufrundet (vgl. Abschn. 6.2). Schließlich ermittelt der Gutachter noch den materiellen Praxiswert, den er zum ideellen Wert addiert und somit den Gesamtwert erhält. Die Berechnung des materiellen Wertes wird in Abschn. 5 beispielhaft erläutert. Zusammenfassung zum Vorgehen zur Ermittlung des Praxiswertes mit der Ärztekammermethode (in Euro):

durchschnittlicher Umsatz	= 405.000
./. individuell erbrachter Umsätze	./.5.000
= übertragbarer Umsatz	= 400.000
./. Kosten	./. 250.000
= Gewinn (1)	= 150.000
+ nicht übertragbare Kosten	+ 30.000
= übertragbarer Gewinn	= 180.000
./. Arztlohn	./. 76.000
= nachhaltig erzielbarer Gewinn	= 104.000
mal Prognosefaktor	mal 2,0
= ideeller Wert	= 208.000
mal Korrekturfaktor	mal 0,9
= endgültiger ideeller Wert	= 187.200
+ materieller Wert	+ x
= Praxiswert	= 187.200 + x

Berechnen Sie nun den ideellen Wert Ihrer eigenen Praxis nach der Ärztekammermethode mit der folgenden Übung.

Übung:

Verfahrensschritt	Beispiel, Euro	Ihre Praxis, Euro
Ermitteln Sie aus den drei letzten Jahresabschlüssen die durchschnittlichen Betriebseinnahmen und tragen Sie diese in die Spalte rechts ein.	405.000	
Ziehen Sie nun individuell erbrachte Umsätze ab. Es ergibt sich der übertragbare Umsatz.	400.000	
Ziehen Sie nun den Mittelwert der Summen Ihrer Betriebsausgaben ab.	150.000	
Addieren Sie nun die Ausgaben, die Ihnen unangemessen hoch erscheinen, bzw. ziehen Sie diese ab, wenn Sie Ihnen unangemessen niedrig erscheinen, aber nur die Differenz zu den „normalen" Ausgaben.	160.000	
Addieren Sie nun die Abschreibungen. Das Ergebnis ist der übertragbare Gewinn.	180.000	
Subtrahieren Sie den kalkulatorischen Arztlohn i.H.v. 76.000 €. Falls Ihr Honorarumsatz < 240.000 € ist, entnehmen Sie den Arztlohn Tabelle 4.2. Das Ergebnis ist der nachhaltig erzielbare Gewinn.	104.000	
Multiplizieren Sie den Wert mit 2 für Einzelpraxen und 2,5 für BAG (zum Beispiel Gemeinschaftspraxen).	208.000	
Bewerten Sie die auf- bzw. abmindernden Faktoren und korrigieren Sie den Wert um max. ± 20%. Es ergibt sich der ideelle Praxiswert.	187.000	

4.2 Modifiziertes Ertragswertverfahren

Basis der Wertermittlung im Hinblick auf den immateriellen Praxiswert sind hier ebenfalls **Umsätze** und **Kosten** bzw. **Gewinne** der Vergangenheit. In der Regel werden dazu mindestens die Daten der letzten fünf Jahre herangezogen. Dabei werden die Umsatzquellen bzw. Kostenarten detaillierter dargestellt als bei den Hinweisen der Bundesärztekammer (vgl. Abschn. 3.1). Ziel ist es, die Ursachen für Veränderungen im Hinblick auf die **Prognose** der zukünftigen Erfolge zu ermitteln. So kann beispielsweise vereinfacht festgestellt werden, dass altersbedingte Umsatzrückgänge vor einigen Jahren zunächst nicht durch entsprechende Personalkostenreduzierungen aufgefangen werden konnten. Wenn anschließend aber

Umsätze und Gewinne wieder gesteigert werden konnten, weist dies auf eine positive Zukunftsaussicht hin, die sich allein durch Mittelwertbildung der letzten Jahre nicht darstellen lässt.

Daneben werden die Zahlen einem **Branchenvergleich** unterworfen. Inwieweit handelt es sich bei der Entwicklung der Zahlen der betrachteten Praxis um eine individuelle Besonderheit, und inwieweit lässt die Entwicklung Rückschlüsse auf die zukünftige **Entwicklung** zu? Dazu zählt auch die Entwicklung der **Scheinzahl**, d. h. die Anzahl der Patienten pro Praxis. Idealerweise verfügt der Gutachter über regionale Zahlen, was aber in der Praxis die Ausnahme darstellt. Darüber hinaus wird das Ergebnis durch **Eliminierung** außerordentlicher Ereignisse bereinigt (zum Beispiel krankheitsbedingter Umsatzausfall).

Der Gutachter wird dann das **Zielsystem** festlegen und definieren, welche Art von Gutachten er anfertigt. Handelt es sich um ein Gutachten zur Ermittlung eines **Entscheidungswertes** oder aber eines **Vermittlungswertes**? Soll ein **Argumentationswert** dargestellt werden? Oder eine Kombination aus verschiedenen Wertarten? Diese Festlegung beeinflusst die Gutachtenerstellung (wie in Abschn. 2.2 dargelegt).

Falls die Ergebnisse über die Jahre stark schwanken, werden entsprechend dem Zielsystem Gewichtungen der verschiedenen Ergebnisse vorgenommen. Grundsätzlich werden die dem Bewertungszeitpunkt näher liegenden Jahre höher bewertet als die weiter zurückliegenden Jahre.

Eine besondere Berücksichtigung finden die **Abschreibungen** auf Ersatzinvestitionen. Während diese bei der Ärztekammermethode vollständig unberücksichtigt bleiben, wird bei der modifizierten Ertragswertmethode untersucht, wie Abschreibungen im Hinblick auf die zukünftige Ertragslage der Praxis zu bewerten sind. Dabei spielen in der Bewertung auch die aktuellen Abschreibungen eine Rolle. Rühren etwa hohe Abschreibungen aus Investitionen der jüngeren Vergangenheit, so werden diese Investitionen den Praxiswert per se erhöhen. Als Bestandteil der laufenden Betriebskosten reduzieren diese Abschreibungen zugleich jedoch den Gewinn der Praxis als einer zentralen betriebswirtschaftlichen Erfolgsgröße. Im Rahmen der modifizierten Ertragswertmethode wird daher berücksichtigt, inwieweit der Übernehmer ggf. nicht weiter investieren muss. Umgekehrt wird in die Wertermittlung auch ein eventueller Investitionsstau einbezogen. Wenn sich dieser in geringen Abschreibungen und damit einem verhältnismäßig hohen Praxiswert niederschlägt, muss dieser ggf. um den später erforderlichen Investitionsbedarf korrigiert werden. Die VSA (2012) führt dazu aus, dass im Hinblick auf die Ermittlung des zukünftigen Gewinns die zukünftig zu erwartenden, periodisierten Ausgaben für Investitionen in Form von Abschreibungen auf das betriebsnotwendige Praxisinventar anzusetzen sind. „Die Abschreibungshöhe eines einzelnen Vermögensgegenstandes ist somit von den Wiederbeschaffungspreisen, der betriebsgewöhnlichen Nutzungsdauer und dem tatsächlichen Werteverzehr" abhängig.

In der Vergangenheit angefallene **Zinsen** bleiben unberücksichtigt, weil sie keinen Rückschluss auf die zukünftige Zinsbelastung erlauben, es sei denn, sie sind für den ärztlichen bzw. zahnärztlichen Praxisbetrieb angefallen. Im Hinblick auf die Prognoserechnung sind Fremdkapital-Zinsen für Ersatzinvestitionen einzurechnen. In diesem Zusammenhang sei noch angemerkt, dass steuerliche Gestaltungsmöglichkeiten im Zusammenhang mit der **Zinskorrektur** im o. g. Sinne nicht zu berücksichtigen sind (VSA 2012).

Die wohl schwierigste Aufgabe bei der Ermittlung des Praxiswertes mittels des modifizierten Ertragswertverfahrens ist die **Zukunftsanalyse** auf der Basis des (wie oben beschrieben) ermittelten Praxiswertes. Hier spielt das **Zielsystem** eine maßgebliche Rolle. So wird zum Beispiel der Abgeber den Bau eines Ärztehauses in der Nachbarschaft, in dem sich voraussichtlich auch eine neue Zahnarztpraxis ansiedeln wird, anders werten als der potenzielle Übernehmer. Weitere beeinflussende Faktoren können sein:

- Entwicklung der Bevölkerung (Altersstruktur, Einkommen),
- Entwicklung der Privatpatienten bzw. des Privatanteils,
- Ausweisung neuer Wohngebiete,
- Zukünftige Stadtteilsanierungen (Aufwertung),
- Bindung der Patienten an den Abgeber,
- Kompatibilität zwischen Patienten und potenziellem Übernehmer,
- Kompatibilität zwischen Personal und potenziellem Übernehmer,
- Entwicklung der Wettbewerbssituation,
- Praxisstandort,
- Altersstruktur und Weiterbildungsbedarf des Personals,
- Arbeitsmarktsituation von Helferinnen,
- Gesetzliche Änderungen,
- Änderungen sonstiger Randbedingungen.

Die VSA (2012) führt in diesem Zusammenhang aus, dass „bei dieser Prognose sowohl praxisinterne Faktoren und praxisspezifische Strukturen als auch praxisexterne Faktoren wie zum Beispiel das gesamtwirtschaftliche Umfeld und die **Sozialgesetzgebung** zu berücksichtigen sind". An dieser Stelle wird auch deutlich, dass eine **Zuweiserpraxis** nach anderen Faktoren zu bewerten ist als eine **Patientenpraxis**.

Hinsichtlich der Kostenprognose bei der **Kfz-Nutzung** weist die VSA (2012) darauf hin, dass die Kosten nur dann angesetzt werden dürfen, wenn sie betriebsnotwendig sind. Ansonsten sind sie zu eliminieren. Wenn sie angesetzt werden, können sie typisiert werden.

Neben dem materiellen und dem immateriellen Praxiswert besteht das **Praxisvermögen** auch aus liquiden Mitteln sowie aus Forderungen abzgl. Verbindlichkeiten. Im Regelfall werden bei einer **Transaktion** (Kauf/Verkauf) die Forderungen und Verbindlichkeiten sowie die liquiden Mittel nicht übertragen und bleiben deshalb bei der Bewertung unberücksichtigt.

Wie bei der Ärztekammermethode wird nun ein **kalkulatorischer Arztlohn** angesetzt. Hierbei gelten die gleichen Anmerkungen und Kritiken wie oben (vgl. Abschn. 3.1). Allerdings ist der Gutachter bei der Wahl seines Ansatzes frei, vorausgesetzt, er ist gut begründet. Inwieweit die Netto- oder Bruttomethode anzusetzen ist, richtet sich ebenfalls nach der Aufgabenstellung (vgl. Zur Mühlen et al. 2010).

Der so ermittelte Wert wird nun **kapitalisiert**, d. h. es wird ein Ergebniszeitraum angenommen, in dem dieser Wert wirkt. Diesbezüglich unterscheidet sich das modifizierte Ertragswertverfahren nicht grundsätzlich von der Ärztekammermethode. Lediglich hinsichtlich des Zeitraums wird je nach Fall und Erfahrung sowie wirtschaftswissenschaftlichem Hintergrund des Gutachters ein unterschiedlicher Wert angesetzt. In der Praxis liegen die üblichen Ergebniszeiträume bei zwei bis fünf Jahren (je größer die Spezialisierung, desto länger der Ergebniszeitraum). In der Regel werden die zukünftigen Gewinne auf den **Übergabezeitpunkt** abgezinst sowie mit einem **Risikozuschlag** versehen.

Eine Plausibilitätskontrolle, beispielsweise im Vergleich mit ähnlich strukturierten und in Zeitnähe verkauften Praxen, rundet das Ergebnis der Wertermittlung ab.

Insgesamt ist das modifizierte Ertragswertverfahren eine Methode, die einen verhältnismäßig hohen Aufwand sowie umfangreiche Erfahrungen des Gutachters voraussetzt. Kritisch ist anzumerken, dass trotz des hohen Aufwands viele zukunftsbezogene Aspekte in der Regel nicht wirklich sicher prognostiziert werden können.

Beispiel 4.2

Ein Arzt/Zahnarzt möchte seine Praxis verkaufen. Er möchte einen Anhaltspunkt dafür bekommen, welchen Preis er am Markt erzielen kann. Der Gutachter schlägt vor, den „objektivierten Wert" zu ermitteln. Das ist der Wert, der sich aus der Fortführung der Praxis ergibt, wenn keine wesentlichen Veränderungen vorgesehen sind und dies auch so in die Berechnung einfließen soll. Der Gutachter macht klar, dass dies zunächst einmal nicht der Entscheidungswert ist, sondern die Basis der Wertermittlung aus Sicht des Verkäufers. Der Entscheidungswert und auch der tatsächlich zu erzielende Erlös können deutlich von diesem objektivierten Wert abweichen. Weiterhin schlägt der Gutachter vor, als Methode zur Ermittlung des objektivierten Wertes das modifizierte Ertragswertverfahren anzuwenden.

Zunächst beschreibt der Gutachter detailliert die Aufgabenstellung sowie die zur Anwendung kommenden Unterlagen. Es folgt die kurze Darstellung der verwendeten Bewertungsmethode.

Dann erfolgt eine Zeitreihenanalyse. Die Praxis hatte in den vergangenen Jahren einen relativ stabilen Umsatz von 405.000 €. 5.000 € davon wurden regelmäßig durch Gutachten und Vorträge, die der Praxisinhaber geleistet hat, erzielt. Dieser Umsatz entspricht dem durchschnittlichen Jahresumsatz der letzten drei bis fünf Kalenderjahre. Der Gutachter stellt fest, dass der Umsatz um die individuell personengebundenen Leistungen bereinigt werden muss. Er kommt zu dem Ergebnis, dass der übertragbare Umsatz 400.000 € beträgt.

Nun schaut sich der Gutachter an, inwieweit sich einzelne Positionen des Umsatzes entwickelt haben, zum Beispiel der Privatumsatz und die Anzahl der Behandlungsfälle. Außerdem wird ein Branchenvergleich vorgenommen und geprüft, ob die Entwicklung der Praxis von der allgemeinen Entwicklung abweicht. Dabei stellt der Gutachter fest, dass die Entwicklung der Vergleichsspraxen tendenziell besser ist als bei der Praxis des Auftraggebers. Er analysiert die wertbeeinflussenden Faktoren und kommt zu dem Ergebnis, dass bis auf eine verhältnismäßig hohe Zunahme der Arztdichte keine Auffälligkeiten festzustellen sind. Er geht aber davon aus, dass sich die Umsätze wegen der zunehmenden Arztdichte in den nächsten 3 Jahren nominell nicht erhöhen werden. Auf diesen Wert von 3 Jahren legt er auch den Ergebnishorizont bzw. den Prognosezeitraum fest. Er begründet das damit, dass nach allgemeiner Auffassung der Einfluss des bisherigen Praxisinhabers auf den Erfolg innerhalb der ersten fünf Jahre sukzessive aufgebraucht wird und dass zur Berechnung des anzusetzenden Wertes dann der Mittelwert von drei Jahren anzusetzen sei.

Die durchschnittlichen Kosten betragen 250.000 €, wovon 20.000 € für außergewöhnliche Kosten anfallen. Diese werden vom Gutachter von den durchschnittlichen Kosten subtrahiert. Die übertragbaren Kosten (1) betragen somit 230.000 €. Nun vergleicht der Gutachter die Kostenstruktur mit anderen Branchendaten. Er kommt zu dem Ergebnis, dass die Personalkosten anteilig sehr hoch sind und geht davon aus, dass die Praxis nach dem altersbedingten Ausscheiden einer Helferin, die in Teilzeit arbeitet, in unveränderter Weise fortgeführt werden kann, und reduziert die Personalkosten um 10.000 €. Ansonsten kann der Gutachter keine Auffälligkeiten feststellen. Die übertragbaren Kosten betragen somit 220.000 €.

Hinsichtlich der sich zukünftig verändernden Kosten geht der Gutachter von einer jährlichen Steigerung von insgesamt 2 % aus.

Bei einer genauen Analyse des Praxisinventars stellt der Gutachter fest, dass zur Fortführung des Betriebes in der gegenwärtigen Form zusätzliche Investitionen erforderlich sind, die zusätzliche Abschreibungen in Höhe von 10.000 € sowie 3.000 € Zinsen im Jahr betragen. Außerdem ist es erforderlich, Marketingmaßnahmen zu jährlichen Kosten in Höhe von 10.000 € einzuleiten, um die nominelle Konstanz der Umsätze zu realisieren. Neben der allgemeinen Kostensteigerung um jährlich 2 % fallen also zusätzliche Kosten für Erhaltungsmaßnahmen in Höhe von 23.000 € an. Die Summe der Kosten beträgt im ersten Jahr 220.000 € + 2 % (= 224.400 €) + 23.000 € = 247.400 €, im zweiten Jahr 224.400 € + 2 % (= 229.000 €) + 23.000 € = 252.000 € und im dritten Jahr 229.000 € + 2 % (= 234.000 €) + 23.000 € = 257.000 €.

Der Gutachter ermittelt nun den übertragbaren Gewinn im ersten Jahr zu 400.000 € abzüglich 247.400 € übertragbare Kosten gleich 152.600 €, im zweiten Jahr 400.000 − 252.000 = 148.000 € und im dritten Jahr 400.000 − 257.000 = 143.000 €.

Schließlich setzt der Gutachter noch einen kalkulatorischen Unternehmerlohn an, den er bei einer Praxis in dieser Umsatzgröße mit 90.000 € beziffert. Im ersten Jahr ergeben sich bei einer jährlichen Steigerung dieses Wertes 91.800 €, im zweiten Jahr 93.600 € und im dritten Jahr 95.500 €. Die bewertungsrelevanten Gewinne betragen nunmehr nach Abzug des Unternehmerlohns im ersten Jahr 58.800 €, im zweiten Jahr 52.300 € und im dritten Jahr 45.400 €.

Nun berechnet der Gutachter den Wert der Praxis auf den Bewertungsstichtag und wertet die oben ermittelten Werte ab (abzinsen, diskontieren). Dazu nimmt er einen Zinsbasiswert für Umlaufrenditen, der am Tag der Ermittlung 1,2 % beträgt, und versieht ihn mit einem Risikoaufschlag von 25 %. Der Zinsansatz hinsichtlich der Diskontierung beträgt demnach 1,50 %. Mit der Formel

$$d_n = \frac{1}{(1+i)^n} \qquad (4.1)$$

mit d_n = Diskontierungsfaktor
i = Zinssatz, hier 1,5 %
n = jeweilige Laufzeit, hier 1-3 Jahre

ergibt sich für das erste Jahr zu 0,985, für das zweite Jahr zu 0,971 und für das dritte Jahr 0,956. Für die Praxiswerte ergibt sich durch Multiplikation mit dem Diskontierungsfaktor für das erste Jahr ein Wert in Höhe von 57.900 €, für das zweite Jahr 50.800 € und für das dritte Jahr 43.400 €.

Im Endergebnis stellt der Gutachter also einen ideellen Praxiswert in Höhe von 158.000 € fest. Schließlich ermittelt der Gutachter noch den materiellen Praxiswert, den er zum ideellen Wert addiert und somit den Gesamtwert erhält. Die Berechnung des materiellen Wertes wird in Abschn. 5 beispielhaft erläutert.

In einer abschließenden Sensitivitätsanalyse variiert der Gutachter die von ihm verwendeten Parameter in Grenzen, die er als realistisch ansieht. So führt er beispielsweise die Berechnung einmal mit höherem Umsatz und einmal mit niedrigerem Umsatz durch.

Zusammenfassung zum Vorgehen zur Ermittlung des Praxiswertes mit der modifizierten Ertragswertmethode (in Euro):

durchschnittlicher Umsatz	= 405.000
./. individuell erbrachter Umsätze	./.5.000
= übertragbarer Umsatz	= 400.000

	Stand	Jahr 1	Jahr 2	Jahr 3
(prognostizierte) bereinigte Umsätze	400.000	400.000	400.000	400.000
(prognostizierte) Kosten	230.000			
Korrektur Personalkosten ./. 10.000	220.000			
zusätzlich zu erwartende Kosten für AfA und Zinsen		13.000	13.000	13.000
zusätzlich zu erwartende Kosten für Marketing		10.000	10.000	10.000
allg. Kostensteigerung 2% auf den Stand		224.400	229.000	234.000
Summe der prognostizierten Kosten		247.400	252.000	257.000
Prognostizierter Gewinn (Umsatz − Kosten)		152.600	148.000	143.000
abzgl. Unternehmerlohn, Steigerung 2%	90.000	91.800	93.600	95.500
bewertungsrelevanter Gewinn		60.800	54.400	47.500
Diskontierungsfaktor f mit i=1,5%		0,985	0,971	0,956
Praxiswerte		59.900	52.800	45.400
Ideeller Praxiswert				**158.000**

Der „objektivierte" Praxiswert wurde in diesem Beispiel mit der modifizierten Ertragswertmethode berechnet. Es handelt sich dabei um den Wert, der aus der Sicht des Verkäufers vorhanden ist, wenn die Praxis so wie bisher fortgeführt wird, wobei aber Maßnahmen, die zum Erhalt des Status quo getroffen werden müssen, anzusetzen sind (hier Investitionsmaßnahmen und zukünftige Kosten für das Praxismarketing). Hinsichtlich der Investitionen ist anzumerken, dass bei der rechnerischen Vornahme von **Ersatzinvestitionen** im Rahmen der Ertragswertberechnung dies in der **Substanzwertermittlung** entsprechend zu berücksichtigen ist. Wenn also beispielsweise der Wert eines neuen Lasers in die Berechnung eingeflossen ist, muss der **Substanzwert** des vorhandenen Lasers in der Berechnung des materiellen Praxiswertes dann zu Null gesetzt werden, auch wenn er theoretisch noch ausgabenersparniswirksame Wirkung hätte. Allerdings muss dagegen nun der **Veräußerungswert** des vorhandenen Lasers substanzwertsteigernd berücksichtigt werden. Da dieser aber schwer zu ermitteln ist (vgl. Abschn. 5), wird vorgeschlagen, ersatzweise ebenso den **Ausgabenersparniswert** anzusetzen. Es ist aber zu beachten, dass ein solcher Fall eher theoretischer Natur ist, weil bei der Ermittlung des objektivierten Wertes, der ja die Fortsetzung des bisherigen Praxiskonzeptes zur Grundlage hat, eine Ersatzinvestition praktisch nur dann anzunehmen ist, wenn der Ausgabenersparniswert des betroffenen Anlagenteils ohnehin schon Null ist.

Anders verhält sich das, wenn zum Beispiel der **Entscheidungswert** eines präsumtiven Käufers ermittelt werden soll. Wenn dieser im Hinblick auf sein zukünftiges **Praxiskonzept** entschieden hat, einen neuen Laser zu kaufen, dabei den alten aber durchaus weiter zu nutzen, fließt der neue Laser in die Berechnung des Ertragswertes ein, und der vorhandene Laser kann zusätzlich bei der Substanzwertermittlung als ausgabenersparniswirksam berücksichtigt werden, wenn dieser im Hinblick auf das Praxiskonzept des präsumtiven Käufers einen Nutzen hat (Anmerkung: Von der Verwendung des sogenannten „Zeitwertes", der ja auch Null betragen kann, wenn das Anlagenteil noch weiter benutzt wird, ist dabei unbedingt abzusehen, vgl. Abschn. 5).

Im Hinblick auf die Ermittlung des Entscheidungswertes zum Beispiel für den **präsumtiven Käufer** weicht das Vorgehen nun ab. Dieser gibt dem Gutachter vor, dass dieser Wert den maximalen Preis darstellt, den er zu zahlen bereit ist, ohne einen wirtschaftlichen Nachteil zu haben. Das Vorgehen soll anhand eines Beispiels beschrieben werden:

Beispiel 4.3

Der Gutachter nimmt an, dass sich die Umsätze nach der Übernahme zunächst einmal auf 95 % verringern, im zweiten Jahr 100 % und im dritten Jahr 110 % der aktuellen Umsätze betragen. Bei den Kaufverhandlungen wird er später bei seiner Argumentation von niedrigeren Werten ausgehen (Argumentationswert). Er ist der Ansicht, dass er erheblich investieren muss, geht aber davon aus, dass eine Investition, die zu Kapitalkosten in Höhe von 20.000 € führt, zur Verwirklichung seines Praxiskonzeptes ausreichend ist. Um die erwarteten Umsätze zu erreichen, setzt er Marketingkosten von minimal 20.000 € an. Weiterhin geht er davon aus, dass die Kostensteigerungsrate in den nächsten Jahren bei 2,5 % liegen wird. Auch hier wird er bei seinen Verhandlungen mit einer höheren Rate argumentieren, tatsächlich aber hält er 2,5 % für die maximal zu erwartende Rate.

Hinsichtlich der Höhe des Unternehmerlohns orientiert sich der Käufer an dem, was ihm alternativ als Partner einer BAG ohne Kapitalbeteiligung angeboten wurde und was er für realistisch hält. Den Unternehmerlohn legt er entsprechend zu 100.000 € fest. Hinsichtlich der Höhe des Diskontierungsfaktors kalkuliert er mit den Annahmen, die bei der Festlegung des objektivierten Wertes getroffen wurden. Es ergibt sich folgende Berechnung:

Zusammenfassung zum Vorgehen zur Ermittlung des Praxiswertes mit der modifizierten Ertragswertmethode (in Euro):

durchschnittlicher Umsatz	= 405.000
./. individuell erbrachter Umsätze	./. 5.000
= übertragbarer Umsatz	= 400.000

	Stand	Jahr 1	Jahr 2	Jahr 3
(prognostizierte) bereinigte Umsätze	400.000	380.000	400.000	440.000
(prognostizierte) Kosten	230.000			
Korrektur Personalkosten ./. 10.000	220.000			
zusätzlich zu erwartende Kosten für AfA und Zinsen		20.000	20.000	20.000
zusätzlich zu erwartende Kosten für Marketing		20.000	20.000	20.000
allg. Kostensteigerung 2,5% auf den Stand		226.000	231.000	237.000
Summe der prognostizierten Kosten		266.00	271.000	277.000
Prognostizierter Gewinn (Umsatz – Kosten)		114.000	129.000	163.000
abzgl. Unternehmerlohn, Entwicklung 2%	100.000	102.000	104.000	106.000
bewertungsrelevanter Gewinn		12.000	25.000	57.000
Diskontierungsfaktor f mit i=1,5%		0,985	0,971	0,956
Praxiswerte		11.800	11.600	54.500
Ideeller Praxiswert				**77.900**

77.900 € ist für den präsumtiven Käufer der Entscheidungswert. Mehr wird er auf keinen Fall zahlen, weil das für ihn wirtschaftlich nachteilig ist, es sei denn, es ergeben sich Argumente, die außerhalb der betriebswirtschaftlichen Betrachtung liegen (vgl. Abschn. 4.6.2). Zu beachten ist für ihn, dass er die **Randbedingungen** als die bestmöglichen angenommen hat. In weiteren Berechnungen wird er die

Umsätze verringern (bzw. die Kosten erhöhen), um zu Argumentationswerten zu gelangen, die entsprechend niedriger sind. Bemerkenswert ist in diesem Beispiel noch, dass der objektivierte Praxiswert außerhalb des Einigungsbereichs liegt. Sollte der Praxisabgeber den objektivierten Wert als seinen Entscheidungswert festlegen, kommt es hier nicht zur Transaktion.

Für den **Verkäufer** können sich abhängig von seinem Zielsystem aber weitere, verschiedene Entscheidungswerte ergeben. Wenn sich der Abgeber unbedingt zur Ruhe setzen will, ist sein Entscheidungswert Null. Er wird jeden Preis akzeptieren, der größer Null ist, es sei denn, er hat „Auflösungskosten", dann wäre sein Entscheidungswert sogar kleiner Null (zur Berechnung dieses Wertes benötigt man allerdings keine besondere Bewertungsmethode). Wenn ihm aber eine Alternative angeboten wird, also beispielsweise hat ihm jemand die unentgeltliche Übernahme seiner schuldenfreien Praxis und die dortige Weiterarbeit zu einem Lohn von 95.000 € pro Jahr für 10 Jahre angeboten, ist die Anwendung eines Ertragswertverfahrens zur Berechnung eines Vergleichswertes sinnvoll. Der Verkäufer bewertet den Wert seiner zukünftigen Arbeit in der (unentgeltlich) abgegebenen Praxis mit 90.000 € Unternehmerlohn und subtrahiert dies von dem angebotenen tatsächlichen Lohn, weil er bei der Alternative (Verkauf) nicht mehr arbeiten müsste. Die „Rendite" beträgt also 5.000 € pro Jahr für 10 Jahre. Das ergibt auf den Bewertungsstichtag abgezinst 43.800 € (Zinssatz 2,5 %). Das ist der Preis, den der Verkäufer mindestens erzielen muss, um keinen wirtschaftlichen Nachteil zu haben. Es ist der Entscheidungswert des Verkäufers im Hinblick auf den ideellen Praxiswert in diesem Fall. Der Entscheidungsbereich liegt zwischen 44.000 € und 78.000 €.

Falls für den Verkäufer hingegen keine weitere Alternative zur Schließung existiert, ist sein Entscheidungswert gleich Null (s. o.). Der Entscheidungsbereich liegt unter diesen Umständen zwischen Null Euro und 78.000 €. Liegt gar keine Verkaufsabsicht vor, existiert auch kein Entscheidungswert.

Das Vorgehen im Hinblick auf die Ermittlung eines **Argumentationswertes** für den präsumtiven Käufer soll anhand eines Beispiels beschrieben werden:

Beispiel 4.4

Der Gutachter argumentiert, dass sich die Umsätze nach der Übernahme zunächst einmal für 2 Jahre auf 95 % verringern und sich erst im dritten Jahr wieder bei 100 % der aktuellen Umsätze einstellen. Er macht deutlich, dass er erheblich investieren muss, geht aber davon aus, dass eine Investition, die zu Kapitalkosten in Höhe von 25.000 € führt, zur Verwirklichung seines Praxiskonzeptes ausreichend ist. Um die erwarteten Umsätze zu erreichen, setzt er

Marketingkosten von minimal 25.000 € an. Weiterhin geht er davon aus, dass die Kostensteigerungsrate in den nächsten Jahren bei 3 % liegen wird.

Hinsichtlich der Höhe des Unternehmerlohns orientiert sich der Käufer an dem, was ihm alternativ als Partner einer BAG ohne Kapitalbeteiligung angeboten wurde und was er für realistisch hält. Den Unternehmerlohn legt er entsprechend zu 100.000 € fest. Hinsichtlich der Höhe des Diskontierungsfaktors übernimmt er die Annahmen, die bei der Festlegung des objektivierten Wertes getroffen wurden. Es ergibt sich folgende Berechnung:

Zusammenfassung zum Vorgehen zur Ermittlung des Praxiswertes mit der modifizierten Ertragswertmethode (in Euro):

durchschnittlicher Umsatz	= 405.000
./. individuell erbrachter Umsätze	./. 5.000
= übertragbarer Umsatz	= 400.000

	Stand	Jahr 1	Jahr 2	Jahr 3
(prognostizierte) bereinigte Umsätze	400.000	380.000	380.000	400.000
(prognostizierte) Kosten	230.000			
Korrektur Personalkosten ./. 10.000	220.000			
zusätzlich zu erwartende Kosten für AfA und Zinsen		25.000	25.000	25.000
zusätzlich zu erwartende Kosten für Marketing		25.000	25.000	25.000
allg. Kostensteigerung 3% auf den Stand		227.000	233.000	240.000
Summe der prognostizierten Kosten		277.00	283.000	290.000
Prognostizierter Gewinn (Umsatz – Kosten)		103.000	97.000	163.000
abzgl. Unternehmerlohn, Entwicklung 3%	100.000	103.000	106.000	109.000
bewertungsrelevanter Gewinn		0	-9.000	54.000
Diskontierungsfaktor f mit i=1,5%		0,985	0,971	0,956
Praxiswerte		0	-9.000	52.000
Ideeller Praxiswert				**43.000**

Der Argumentationswert des präsumtiven Käufers beträgt 43.000 €. Er gibt an, dass er es nicht riskieren kann, mehr zu bezahlen, weil er dies schon für eine optimistische Einschätzung hält.

▶ In Verhandlungen ist es vorteilhaft, die Berechnung des Argumentationswertes vorzulegen und auf der Basis der einzelnen Zahlen zu argumentieren.

Der Verkäufer argumentiert mit dem objektivierten Wert in Höhe von 158.000 €. Doch der Käufer macht ihm schnell klar, dass man insbesondere die Konstanz der Umsätze nicht in der angenommenen Form erwarten kann. Der objektivierte Wert setze voraus, dass der Verkäufer den Praxisbetrieb fortführe. Bei Inhaberwechsel sei stets von einem Umsatzrückgang auszugehen.

In dieser Beispielfolge entspricht der Argumentationswert des Käufers in etwa dem Entscheidungswert des Verkäufers in Höhe von 44.000 €, wenn dieser die oben dargestellte Alternative hat. Die Parteien werden sich auf einen Preis zwischen 44.000 € und 78.000 € einigen, wobei der Betrag in der gegenwärtigen Marktsituation vermutlich eher bei 44.000 € liegen wird.

Schließlich soll an dieser Stelle noch die **Bruttomethode** mit der **Nettomethode** verglichen werden (vgl. Abschn. 3.4). Nach der Nettomethode ist auf jeder Ebene der Berechnung ab der Ermittlung des zukünftigen Ertrages die typisierte Ertragssteuer zu berücksichtigen. Es wird mit Beispiel 4.2 verglichen, wo als idealer Praxiswert nach der Bruttomethode 158.000 € ermittelt wurden.

Beispiel 4.5 (in Euro)

	Stand	Jahr 1	Jahr 2	Jahr 3
Prognostizierter Gewinn (Umsatz – Kosten)		152.600	148.000	143.000
abzgl. 35%		99.200	96.200	93.000
abzgl. Unternehmerlohn, Entwicklung 2%, abzgl. 35%	90.000	60.000	61.000	62.000
bewertungsrelevanter Gewinn		39.200	35.200	31.000
Diskontierungsfaktor mit i=1,5% abzgl. 26,375%=1,104%		0,896	0,980	0,969
Praxiswerte		35.100	34.500	30.000
Ideeller Praxiswert				**99.600**

Der nach der Nettomethode ermittelte ideelle Praxiswert beträgt mit 99.600 € entsprechend weniger als nach der Bruttomethode mit 158.000 €.

Übung: zur Ermittlung des Praxiswertes mit der modifizierten Ertragswertmethode als Nettomethode, alle Zahlen in Euro, Beispielzahlen klein aufgeführt:

Berechnen Sie aus den Jahresabschlüssen hier den mittleren	= 405.000
Betriebseinnahmen der Vergangenheit	./. 5.000
./. individuell erbrachter Umsätze	
und tragen Sie den Wert in die rechte Spalte ein	
= übertragbarer Umsatz	= 400.000

	Stand	Jahr 1	Jahr 2	Jahr 3
Tragen Sie den übertragbaren Umsatz hier ein und prognostizieren Sie die nächsten 3 Jahre	400.000	400.000	400.000	400.000
Wie hoch sind Ihre durchschnittlichen Betriebsausgaben?	230.000			
Korrigieren Sie die Betriebsausgaben im Hinblick auf Ihr Zielsystem	220.000			
Berechnen Sie die sich im Hinblick auf Ihr Zielsystem ergebenen notwendigen Investitionen und berechnen daraus die Kosten für AfA und Zinsen in den nächsten 3 Jahren		13.000	13.000	13.000
Welche zusätzlich zu erwartenden Kosten nehmen Sie an?		10.000	10.000	10.000
Berechnen Sie die oben ermittelten Betriebsausgaben mit einer allg. Kostensteigerung zum Beispiel von 2% auf den Stand		224.400	229.000	234.000
Addieren Sie nun zur Summe der prognostizierten Kosten		247.400	252.000	257.000
Subtrahieren Sie von den prognostizierten Umsätzen die prognostizierten Kosten zum prognostizierten Gewinn		152.600	148.000	143.000
Legen Sie einen angemessenen Unternehmerlohn fest, zum Beispiel gemäß Tabelle4.2, und berechnen Sie eine Kostensteigerung auf den Stand, zum Beispiel Steigerung 2%	90.000	91.800	93.600	95.500
Bilden Sie die Differenz zum bewertungsrelevanten Gewinn		60.800	54.400	47.500
Berechnen Sie die Diskontierungsfaktoren mit Formel [4.1] f zum Beispiel mit i=1,5%		0,985	0,971	0,956
Berechnen Sie die Praxiswerte		59.900	52.800	45.400
Addieren Sie zum ideellen Praxiswert				**158.000**

Übung: zur Ermittlung des Praxiswertes mit der modifizierten Ertragswertmethode als Nettomethode, alle Zahlen in Euro, Beispielzahlen klein aufgeführt:

	Stand	Jahr 1	Jahr 2	Jahr 3
Übertragen Sie den prognostizierten Gewinn (Umsatz – Kosten) aus dem vorigen Beispiel		152.600	148.000	143.000
Subtrahieren Sie 35%		99.200	96.200	93.000
Berechnen Sie einen angemessenen Unternehmerlohn abzgl. 35%, Lohnentwicklung zum Beispiel2%	90.000	60.000	61.000	62.000
Bilden Sie die Differenz zur Ermittlung des bewertungsrelevanten Gewinns		39.200	35.200	31.000
Berechnen Sie den Diskontierungsfaktor f zum Beispielmit i=1,5% abzgl. 26,375%=1,104%		0,8960	0,980	0,969
Ermitteln Sie den Praxiswert durch Multiplikation		35.100	34.500	30.000
Ermitteln Sie den ideellen Praxiswert durch Addition				**99.600**

Übung: zur Ermittlung des Praxiswertes mit der modifizierten Ertragswertmethode als Nettomethode gemäß Beispiel 3.4, alle Zahlen in Euro, Beispielzahlen klein aufgeführt:

Übertragen Sie den nachhaltigen Zukunftsertrag aus dem vorigen Beispiel	150.000
Berechnen Sie die typ. Ertragssteuer 35% und subtrahieren Sie diese vom nachhaltigen Zukunftsertrag	97.500
Legen Sie einen Unternehmerlohn gemäß Tabelle 5.1 fest (eigentlich 100.000 €, hier zur Vergleichbarkeit auf 90.000 € reduziert), reduziert um typ. Ertragssteuer=58.500 €, ergibt den nachhaltigen Reinertrag	39.000
Multiplizieren Sie mit dem Rentenbarwertfaktor gemäß Formel [4.1], zum Beispiel 2,873 zum ideellen Wert	**112.000**

4.3   Zum Ansatz des Unternehmerlohns

In den gängigen Verfahren zur Praxisbewertung wird ein **Arztlohn** in Ansatz gebracht, um personengebundene Einflüsse auf die finanziellen Überschüsse zu eliminieren. Dieser Ansatz ist grundsätzlich richtig. Er entspringt ebenso dem IDW S1 (2008, S. 12).

Auch die VSA (2012) hat sich mit dieser Frage auseinandergesetzt. Unter 5. wird dort ausgeführt, dass sich der in Abzug zu bringende kalkulatorische Arztlohn (in der Überschrift ist von **Unternehmerlohn** die Rede), an den alternativen Verdienstmöglichkeiten idealtypischer potenzieller Übernehmer orientiert. Die regelmäßige Alternative besteht aber in der eigenen Niederlassung. Hier sind – abhängig vom Umsatz – höhere „Unternehmerlöhne" zu erwarten. Wenn so wie in VSA beschrieben lediglich der Arztlohn anzusetzen wäre, müssten tatsächlich der Bruttolohn einschließlich Arbeitgeberanteile zur gesetzlichen Sozialversicherung berücksichtigt werden. In der vom Verfasser vorgeschlagenen Vorgehensweise entfallen die

Arbeitgeberanteile, weil hier der Vergleich zu **geschäftsführenden Gesellschaftern**
die Annahme darstellt, und für die entfallen die Arbeitgeberanteile. Der Ansatz des
Bruttoentgeltes ist selbstverständlich.

Friebe und Beusker (2012) kritisieren ebenfalls den Arztlohn in Höhe von
76.000 € und schlagen stattdessen einen Arztlohn in Höhe von 105.000 € vor.
Dieser Vorschlag berücksichtigt nicht die Grundüberlegung, dass umsatz- oder
gewinnabhängige Unternehmerlöhne angesetzt werden sollten.

Offensichtlich herrscht überwiegend die Meinung vor, dass von dem **Überschuss** Ü der Praxis zunächst einmal der Praxisinhaber für seine Tätigkeit als
leitender Arzt entlohnt (AL) werden muss. Übrig bleibt der Ü2 = Ü – AL, also ein
Überschuss, der das darstellt, was der Praxisinhaber in Verbindung mit der gesamten Praxis mehr erwirtschaftet, als zum Erhalt der Praxis erforderlich wäre,
wenn er alternativ einen Arzt mit entsprechendem Lohn einstellen würde. Dieses
„Mehr" stellt eine Art **Rendite** dar. Der Wert Ü2 ist dann regelmäßig die Grundlage der Praxiswertermittlung. Mit dem vereinfacht vergleichenden Beispiel einer
GmbH sähe das so aus: Der geschäftsführende Gesellschafter eines Unternehmens
will als Geschäftsführer aussteigen und einen Fremd-Geschäftsführer zu demselben
Gehalt einstellen, das er bislang bekommen hat. Der Gewinn des Unternehmens
verbleibt dann bei dem Abgeber, solange er Gesellschafter bleibt. Dieser Ansatz ist
nachvollziehbar richtig.

Der IDW S1 (2008) führt dazu aus: „Bei personengebundenen Unternehmen
sind [. . .] in der Person des Eigentümers begründete positive oder negative Erfolgs-
beiträge, die losgelöst vom bisherigen Eigentümer nicht realisiert werden können,
bei der Prognose künftiger finanzieller Überschüsse außer Betracht zu lassen. Soweit
für die Mitarbeit der Inhaber in der bisherigen Ergebnisrechnung kein angemessener Unternehmerlohn berücksichtigt worden ist, sind die künftigen finanziellen
Überschüsse entsprechend zu korrigieren. Die Höhe des Unternehmerlohns wird
nach der Vergütung bestimmt, die eine nichtbeteiligte Geschäftsführung erhalten
würde."

▶   Anstelle eines „Arztlohns" ist ein dem Aufwand und dem Erfolg der Pra-
     xis angemessener umsatz- bzw. gewinnabhängiger Unternehmerlohn
     anzusetzen.

Es wird also allgemein von Unternehmerlohn im Sinne eines **Geschäftsführerge-
halts** gesprochen. Dies ist aber in der allgemeinen Wirtschaftspraxis in der Regel
nicht fix, sondern abhängig vom Gewinn des Unternehmens. Und dieser Gedanke
ist auch auf Arztpraxen übertragbar. Wenn ein Zahnarzt regelmäßig einen Gewinn
von Ü = 500.000 € erwirtschaftet, trägt dazu sicher die von ihm ausgeführte Be-

handlung bei, aber insbesondere auch **Managementtätigkeiten**, die diesen Erfolg ermöglichen. Und wenn er einen nachfolgenden Arzt sucht, der den gleichen Erfolg erzielen soll, entspricht die Vergütung in Form eines fixen Arztlohnes in Höhe von 76.000 € nicht der Vergütung, die eine Geschäftsführung erhalten würde. Auch Zur Mühlen et al. (2010, S. 47) sehen das so: „Der Abzug eines pauschalen Inhaberentgeltes über sämtliche Größenklassen und Fachgebiete hinweg kann sicherlich keine angemessene Vorgehensweise sein." Ein Vorschlag zum alternativen Vorgehen wird von Zur Mühlen et al. nicht unterbreitet. Der Verfasser hält den Ansatz des Arztlohns ebenfalls für ungeeignet und schlägt die Verwendung des Begriffs Unternehmerlohn UL vor.

Um die angemessene Höhe der Vergütung eines vergleichbaren, nicht beteiligten Geschäftsführers zu ermitteln, hat der Verfasser eine nicht repräsentative Umfrage bei Unternehmern gemacht. Es wurde den Unternehmern nicht gesagt, um welche Branche es bei der Befragung geht. Sie sollten sich in die Lage eines abgabewilligen Unternehmers versetzen, der zum Beispiel eine Unternehmensberatung betreibt. Er berät selbst auch, hat aber (bei höheren Gewinnen) beratende Angestellte und nicht-beratende Angestellte. Er leitet das Unternehmen und nimmt insofern auch Managementfunktionen wahr. Die Ausgangssituation ist wie in einer typischen Arzt- oder Zahnarztpraxis. Nun will er einen Geschäftsführer einstellen, der die gleichen Funktionen und Tätigkeiten ausübt wie er. Die Frage war nun, wie hoch die angemessene Vergütung UL des Fremd-Geschäftsführers aus Sicht der befragten Unternehmen sein sollte. Es wurden 24 Überschussklassen Ü von 50.000 € bis zu 1 Mio. € definiert. Es wurde darauf hingewiesen, dass es sich dabei nicht um Überschusssteigerungen *eines* Unternehmens handeln sollte, sondern um jeweils ein anderes, also bei Ü = 50.000 € um ein sehr kleines, und bei zum Beispiel Ü = 1 Mio. um ein sehr großes Unternehmen.

Das Ergebnis ist in Abb. 4.1 dargestellt.

Es wird deutlich, dass die befragten Unternehmer, abgesehen von den beiden Extremfunktionen, in der Entwicklung gut übereinstimmen. Bis hin zum Wert Ü = 900.000 € bewegen sich die Unternehmerlöhne UL, die Extremwerte eliminiert, zwischen 200.000 und 400.000 €.

Betrachtet man die Bereiche von Ü = 50.000 € bis 200.000 €, was der Situation der meisten deutschen Zahnarztpraxen entspricht, ergibt sich Abb. 4.2.

Bis hin zum Wert Ü = 200.000 € bewegen sich die Unternehmerlöhne UL, die Extremwerte eliminiert, zwischen 100.000 und 140.000 €.

Interessant ist noch die Frage, ab welcher Größe Ü der Unternehmer für sich eine Rendite, also einen Überschuss Ü2, erwarten würde. Ü2 = Ü – UL. Hier verhielten sich die befragten Unternehmer wie folgt:

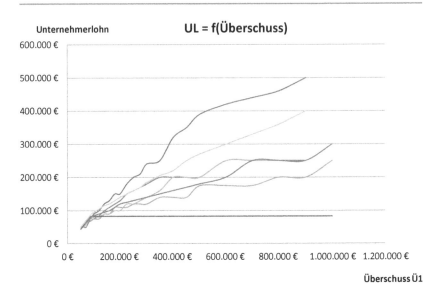

Abb. 4.1 Angemessener Unternehmerlohn aus Sicht von befragten Unternehmern in Abhängigkeit vom Überschuss Ü

- 1 Befragter wollte bereits bei Ü = 50.000 € für den fiktiven Unternehmer einen Überschuss Ü2 erreichen.
- 2 Befragte wollten ab Ü = 60.000 € für den fiktiven Unternehmer einen Überschuss Ü2 erreichen.
- 2 Befragte wollten ab Ü = 70.000 € für den fiktiven Unternehmer einen Überschuss Ü2 erreichen.
- 1 Befragter wollte ab Ü = 80.000 € für den fiktiven Unternehmer einen Überschuss Ü2 erreichen.
- 1 Befragter wollte ab Ü = 100.000 € für den fiktiven Unternehmer einen Überschuss Ü2 erreichen.

Bis zu diesen Einstiegswerten bleibt der Überschuss, der die Basis der Goodwill-Ermittlung darstellt, Null (Ü = UL). Unterhalb dieser Einstiegswerte ist folglich auch der Goodwill Null.

Entsprechend den Ergebnissen dieser Untersuchung schlägt der Verfasser die in den Abb. 4.3 und 4.4 sowie Tab. 4.2 dargestellten Unternehmerlöhne (ehemals Arztlohn) im Hinblick auf die Praxiswertermittlung vor.

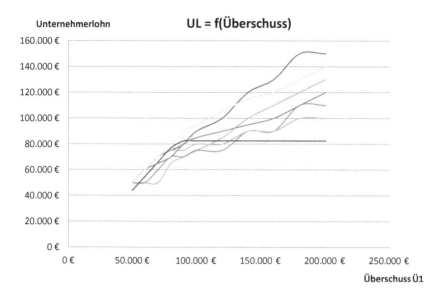

Abb. 4.2 Angemessener Unternehmerlohn aus Sicht von befragten Unternehmern in Abhängigkeit vom Überschuss Ü von 50.000 € bis 200.000 €

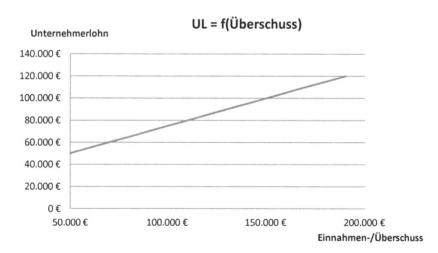

Abb. 4.3 Unternehmerlohn in Abhängigkeit vom Überschuss Ü = 50.000 € bis Ü = 190.000 €

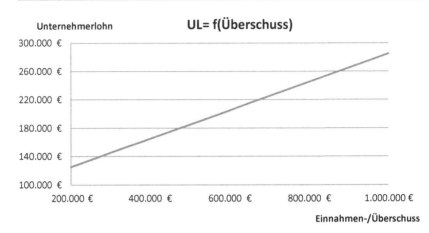

Abb. 4.4 Unternehmerlohn in Abhängigkeit vom Überschuss Ü = 200.000 € bis Ü = 1.000.000 €

Mit dieser Darstellung erübrigt sich auch die Abstufung der Arztlöhne bei niedrigen Gewinnen, wie sie zum Beispiel die neue Ärztekammermethode vorschlägt. Bei Praxen mit einem Überschuss Ü ≤ 50.000 € ist der Goodwill grundsätzlich Null. Selbstverständlich kann der Gutachter davon abweichen; er muss dann entsprechend dieser Untersuchung eine Annahme treffen, welcher Unternehmerlohn beispielsweise für eine Halbtagsstelle angemessen sei.

Im Hinblick auf die Subjektivität der Bewertung ist abschließend Folgendes anzumerken: Das Ziel der Wertermittlung besteht in der Bündelung zukünftiger Erfolge in einen Wert. Dieser Wert spiegelt die „Rendite" wider, die sich aus der Praxisinvestition (zum Beispiel Übernahme) ergibt. Hinsichtlich der Ermittlung des **Entscheidungswertes** beispielsweise eines präsumtiven Käufers hat dieser Wert im Vergleich zur nächstbesten Alternative eine Größe, die er gerade noch akzeptieren kann, ohne einen wirtschaftlichen Nachteil zu erleiden. Bei der Berechnung hat er einen Unternehmerlohn abgezogen. Ist bei gleichartigen Praxen dieser Unternehmerlohn klein, ist der Praxiswert groß. Wenn der Unternehmerlohn derselben Praxis hochgesetzt ist, ist der Praxiswert niedrig. Eine Alternative, die mit einem höheren Unternehmerlohn bei gleichem Entscheidungswert verbunden ist, ist für den präsumtiven Käufer höherwertiger. Der Wert würde steigen, wenn er rechnerisch den Unternehmerlohn senken würde.

Tab. 4.2 Unternehmerlohn in
Abhängigkeit vom Überschuss Ü

Ü (€)	UL (€)
50.000	50.000
60.000	55.000
70.000	60.000
80.000	65.000
90.000	70.000
100.000	75.000
110.000	80.000
120.000	85.000
130.000	90.000
140.000	95.000
150.000	100.000
160.000	105.000
170.000	110.000
180.000	115.000
190.000	120.000
200.000	125.000
250.000	135.000
300.000	145.000
350.000	155.000
400.000	165.000
450.000	175.000
500.000	185.000
550.000	195.000
600.000	205.000
650.000	215.000
700.000	225.000
750.000	235.000
800.000	245.000
850.000	255.000
900.000	265.000
950.000	275.000
1.000.000	285.000

▶   Die Höhe des Unternehmerlohns beeinflusst den Praxiswert.

Deshalb ist eine Praxis, bei der das **Bewertungssubjekt** seine eigene Leistung hoch bewertet, weniger wert als für jemanden, der seine Leistung niedrig bewertet. Der Entscheidungswert ist subjektiv, so wie es das Wesen der funktionalen Bewertungslehre vorsieht. Um vergleichbare Werte für verschiedene Praxen zu berechnen, muss der Unternehmerlohn für alle Alternativen gleich gesetzt werden. Allerdings können Praxen mit unterschiedlichen Managementanforderungen vergleichbar gemacht werden, indem eben unterschiedlich hohe Unternehmerlöhne angesetzt werden.

Im Hinblick auf die Ermittlung des objektivierten Praxiswertes, der die zukünftigen Erträge bei Fortführung der Praxis in der bisherigen Form in einem Wert bündeln soll, ist insofern der Unternehmerlohn aus Verkäufersicht anzusetzen. Da dieser aber in der Regel nicht benannt ist, sollten in der Höhe überschussabhängige Unternehmerlöhne wie oben dargestellt angesetzt werden. Da die Goodwill-Rente grundsätzlich als Differenz zwischen dem geschätzten Zukunftsertragsüberschuss und dem „**Normalgewinn**" bezeichnet wird (vgl. auch Abschn. 4.4), stellt sich die Frage nach dem „Normalen". Der Normalgewinn wird maßgeblich durch den Unternehmerlohn geprägt. Es muss hier also ein „normal zu erwartender Lohn" eingesetzt werden. Dies soll mit dem vorliegenden Vorschlag erreicht werden. Es zeigt sich aber in diesen Ausführungen, wie sehr auch die Ermittlung des objektivierten Praxiswertes von subjektiven Einflüssen geprägt wird.

4.4   Zum Ansatz der Goodwill-Reichweite

„Nach den Verfahren der **Goodwill-Renten** ist der **Unternehmenswert** gleich dem **Substanzwert** zuzüglich sogenannter Goodwill-Renten. Als Goodwill-Rente wird die Differenz zwischen dem geschätzten **Zukunftsertragsüberschuss** E und einem sogenannten **Normalgewinn** NG bezeichnet" (Matschke und Brösel 2013, S. 512). Es gibt hier verschiedene Verfahren, die sich nach Art der Berechnung der Goodwill-Rente GR = E − NG und den Annahmen über deren Höhe und zeitlichem Verlauf unterscheiden.

Die begrenzte Dauer der Goodwill-Rente wird unter anderem damit begründet, dass bei Vorliegen goodwillerzeugender Faktoren eben die **Personengebundenheit** die wesentliche Rolle spiele. Und die verflüchtige sich grundsätzlich rasch. Die Wirkung des Verkäufers ließe in der Regel schnell nach. Das Vorhandensein goodwillerzeugender und -erhaltender Maßnahmen sei dem Käufer, nicht dem Verkäufer geschuldet (Matschke und Brösel 2013, S. 518). Aus dieser Argumentation heraus wurde der Begriff der „**Goodwill-Reichweite**" formuliert. Er soll ausdrücken, wie rasch (also zum Beispiel in Jahren) sich die Auswirkung der Personengebundenheit auf den Erfolg verflüchtigt.

Unter Punkt 6 der Stellungnahme der VSA (2012) wird ebenfalls die Problematik der Goodwill-Reichweite bzw. des Kapitalisierungszeitraums diskutiert. Es werden einige Faktoren, die den Ergebniszeitraum beeinflussen, aufgeführt, zum Beispiel

- Dauer des Bestehens der Praxis,
- Ruf der Praxis,
- Patientenstruktur,
- Zuweiserstruktur,
- Organisationsform,
- Einzugsbereich,
- Mitbewerbersituation,
- Leistungsspektrum,
- Gebietssperrung,
- Anzahl der ärztlichen Behandler,
- Apparateintensität.

Bis auf den Detailpunkt „Dauer des Bestehens der Praxis" stimmt der Verfasser mit der VSA überein. Eine kurze Dauer würde sich in den betriebswirtschaftlichen Daten wiederfinden, eine zu lange Dauer kann sich nach den Erfahrungen des Verfassers eventuell sogar negativ auswirken. Der vorgeschlagene Ansatz von zwei bis fünf Jahren für den Kapitalisierungszeitraum wird auch durch die nachfolgenden Ausführungen in diesem Abschnitt bestätigt. Der Hinweis auf die Verlängerung bei **apparateintensiver Ausprägung** ist beachtenswert. Dazu sollten auch die Ausführungen in Abschn. 4.8 beachtet werden (auch die Wettbewerbssituation ist hier maßgeblich).

In den einschlägigen Bewertungsverfahren zur Praxiswertermittlung (zum Beispiel Ärztekammermethode) wird hinsichtlich der Reichweite häufig von etwa 2 bis 2,5 Jahren ausgegangen. Dem Verfasser ist nicht bekannt, wie dieser Wert ermittelt wurde. Es herrscht vielmehr der Eindruck vor, dass sich dieser Wert aus der Veränderung der Umsatzmethode zur Gewinnmethode mit dem Ziel der Beibehaltung der „gewollten" Ergebnisse verfestigt hat. Er hat aber keine begründete Basis. Auch im Hinblick auf das modifizierte Ertragswertverfahren mit länger anzunehmenden Goodwill-Reichweiten wird ein weiterer Punkt kritisch zu diskutieren sein: Warum wird bei einer (voraussichtlich stetigen) Verflüchtigung auf die vollen Erträge abgezinst bzw. mit ihnen multipliziert? Diese Frage wird u. a. von Friebe

und Beusker (2012) gestellt. Niemand wisse doch, wie die unterschiedlichen Erträge – abbauend beim Abgeber (**Verflüchtigung**) und aufbauend beim Übernehmer
(**Rekonstruktion**) – sachgerecht auseinandergehalten werden können.

Im Folgenden soll ein Vorschlag für einen neuen, untersuchungsbasierten An-
satz gemacht werden. Das zentrale Problem bei der Bestimmung des ideellen
Praxiswertes ist also die Festlegung der **Goodwill-Reichweite**. Nach allgemeiner
Auffassung (s. o.) hat der Verkäufer nur Anspruch auf diejenige Goodwill-Rente
(und damit auf den Goodwill), die sich – nach der Abgabe – noch auf seine
Tätigkeit zurückführen lässt (Matschke und Brösel 2013, S. 518). Die zeitliche
Begrenzung der Zahlung der Goodwill-Rente an sich wird mit der Personengebundenheit des Abgebers begründet. Und eben diese Personengebundenheit – und
damit die Abhängigkeit von der Persönlichkeit des Abgebers (und auch des Übernehmers) macht die exakte oder auch nur annähernde Bestimmung der Reichweite
äußerst schwierig.

Zunächst einmal ist festzustellen, dass es zur Goodwill-Reichweite keine wissenschaftlichen Untersuchungen gibt. Man kann sich dieser Frage allenfalls annähern.
Dies soll im Folgenden versucht werden. Das IDZ hat die Entwicklung von Praxen,
die zwischen 1998 und 2001 als Praxisübernahmen und Neugründungen gestar-
tet wurden, in drei **Befragungswellen** (2002, 2004, 2006) untersucht. Über die
Verteilung, wann die Praxen exakt gegründet wurden, gibt es keine Informationen.
Deshalb wird für das Folgende angenommen, dass die Mehrzahl in den Jahren 1999
und 2000 gegründet wurde. In der dritten Befragungswelle wurden die Zahnärzte
nach ihrer Situation in 2005 befragt. Für die hier vorliegende Arbeit ist relevant,
dass „während die neu gegründeten Einzelpraxen zum Zeitpunkt der zweiten Befragungswelle im Vergleich zu übernommenen Einzelpraxen noch deutlich niedrigere
Betriebseinnahmen erzielt hatten, nivellierten sich diese Unterschiede im weiteren
Verlauf der Praxisentwicklung, also zwischen 2003 und 2005, völlig. Ursächlich
für diese Angleichung ist die vergleichsweise höhere **Wachstumsdynamik** der Ein-
zelpraxisneugründungen" (Klingenberger und Becker 2008, S. 36). Es kann also
davon ausgegangen werden, dass im Mittel nach gut 4,5 Jahren die Betriebseinnahmen bei beiden Praxisformen mindestens gleich sind. Die Tatsache, dass die
Wachstumsdynamik bei Neugründungen höher ist, kann eventuell sogar so interpretiert werden, dass sich die Wirkung des Abgebers langfristig (nach 4,5 Jahren)
eher nachteilig auswirkt. Weil der Zeitraum von gut 4,5 Jahren ein ungefährer Mittelwert ist, wird als **Obergrenze** für die Goodwill-Reichweite der Zeitraum von 5
Jahren vorgeschlagen.

Im Hinblick auf die **Untergrenze** zeigen die Erfahrungen (hier wurden bisher
keine Untersuchungen durchgeführt), dass bei einer Übernahme 80 % bis 90 % der
Patienten im Jahr nach der Übernahme der Praxis dieser treu bleiben. Wenn es

Überschneidungszeiten zwischen dem Käufer und dem Verkäufer gibt (sie arbeiten eine gewisse Zeit zusammen und führen den Patienten an den „neuen" Zahnarzt heran), kann – ebenso wie beim Einstieg in eine BAG – von einer Quote von 95 % ausgegangen werden. Wenn aber die Persönlichkeiten und/oder die Spezialisierungen von Abgeber und Übernehmer stark voneinander abweichen, kann man von „**Patientenverlusten**" in der Größenordnung von 50 % im ersten Jahr ausgehen (wobei die Zahl nicht exakt bestimmt werden kann, es handelt sich um einen Erfahrungs-, Schätz- und Anhaltswert). Hieraus kann man folgern, dass sich im ersten Jahr die Wirkung des Abgebers zur Hälfte erfolgsstabilisierend auswirkt. Im Folgenden soll daher davon ausgegangen werden, dass sich im schlechtesten Fall nach 2 Jahren jede positive Wirkung des Abgebers verflüchtigt hat.

Es wird in Folge dieser Überlegungen eine Bandbreite des **bewertungsrelevanten Ergebniszeitraums** (Prognose- bzw. Verflüchtigungszeitraum) von 2 bis 5 Jahren vorgeschlagen. Dies deckt sich auch mit den Ausführungen von Zur Mühlen et al. (2010, S. 41) und der VSA (2012). Weiterhin wird aus Praktikabilitätsgesichtspunkten vorgeschlagen, den Mittelwert von 3,5 Jahren als Ausgangsgröße anzusetzen und je nach dem Einfluss der unten aufgeführten Randbedingungen bis maximal zu der o. g. Unter- bzw. Obergrenze im Einzelfall zu variieren. Diese Methodik lässt sich sowohl für das modifizierte Ertragswertverfahren (vgl. Zur Mühlen et al.) als auch u. a. für die Neue Ärztekammermethode (BÄK und KBV 2008) anwenden. Hier müssen dann lediglich die wertbeeinflussenden Faktoren (Abschn. 5.4) bereits bei der Variation des Prognosemultiplikators berücksichtigt werden. Wie sich die Vorschläge des modifizierten Unternehmerlohns und die modifizierte Goodwill-Reichweite im Vergleich zur Neuen Ärztekammermethode auswirken, ist in Abschn. 4.5.2 dargestellt.

Zur o.a. Kritik von Friebe und Beusker (2012) sei in diesem Zusammenhang angemerkt, dass der vorgeschlagene Ansatz einen Mittelwert darstellt, der die Realität der stetigen Verflüchtigung und der stetigen Rekonstruktion pauschal erfasst.

▶ Auf der Basis der Grundüberlegung der Verflüchtigung kann in der Praxis teilweise festgestellt werden, dass zum Beispiel bei der typischen Alterspraxis eher 2–3 Jahre als Prognosemultiplikator angemessen erscheint, bei Praxen mit Zulassungsbeschränkungen dagegen mehr als 3,5 Jahre. Einzelpraxen im starken Wettbewerb haben eher kleinere, Großpraxen eher größere Multiplikatoren.

4.5 Ansatz zur Entwicklung eines vereinfachten modifizierten Ertragswertverfahrens

Wie bereits erläutert, ist nach allgemeiner Auffassung das **modifizierte Ertragswertverfahren** zur Berechnung des Wertes von Arzt- und Zahnarztpraxen anzuwenden. Die in Abschn. 4.2 angeführten Beispiele zeigen, wie deutlich abgegrenzt Einzelheiten der zukünftigen Entwicklung mit diesem Verfahren berechnet werden können. Das führt aber auch dazu, dass dieses Verfahren nahezu ausschließlich von professionellen Gutachtern angewendet werden kann.

Es gibt in der Praxis häufig Situationen, in denen der Praxisinhaber, ein präsumtiver Käufer oder beide lediglich einen Anhaltspunkt hinsichtlich des Praxiswertes haben möchten. Dann wird oft das **Depot** oder der **Steuerberater** aufgefordert, einen Betrag zur Bestimmung des Wertes zu nennen. Das größte Problem dabei ist, dass oft gar keine Aufgabenstellung formuliert wird. Es ist dann davon auszugehen, dass das Depot oder der Steuerberater einen Wert ermitteln, den sie für den **Marktwert** halten. Sie sagen dann, dass der so berechnete Preis am Markt üblicherweise erzielt wird und insofern sowohl für den Verkäufer als auch für den Käufer einen Anhaltswert darstellt. In Abschn. 4.6 wird erläutert, warum dieser Ansatz bewertungstheoretisch nicht zulässig ist und auch nicht zum Ziel führt.

Bei Berechnungen dieser Art gibt es in der Praxis die unterschiedlichsten Kombinationen von Umsatz- und Gewinnmethoden. Weder liefert eine dieser Methoden wirklich einen Anhaltswert zur Bestimmung dessen, welcher Preis sich bei abgeschlossenen Verhandlungen realisieren wird, noch gibt eine Methode Auskunft über die wirtschaftliche Tragfähigkeit des Vorhabens, zum Beispiel im Fall des Erwerbs.

Der Verfasser hat dennoch versucht, das modifizierte Ertragswertverfahren dahingehend zu vereinfachen, dass es auch von Laien bzw. von Ärzten/Zahnärzten selbst angewandt werden kann. Zunächst wird, wie bei den anderen Verfahren, eine Zeitreihenanalyse der Erlöse und Kosten vorgenommen und das Ergebnis der vergangenen Jahre um außergewöhnliche Einflüsse bereinigt. Auf der Kostenseite werden Abschreibungen und Finanzierungskosten eliminiert. Anschließend wird der kalkulatorische Arztlohn gemäß Abschn. 4.3 von dem Ergebnis subtrahiert und der sich ergebende Wert mit dem Ansatz der Goodwill-Reichweite, der in Abschn. 4.4 diskutiert wird, multipliziert. Ein Rechenbeispiel hierzu findet sich in Abschn. 4.5.3.

Bis zu diesem Punkt unterscheidet sich das Verfahren nicht wesentlich von anderen Verfahren. Im Vergleich zur modifizierten Ertragswertmethode wurden lediglich die zukünftigen Entwicklungen nicht wie dort in die vorzunehmende Prognose aufgenommen. Im Gegenteil: Das vereinfachte Verfahren sieht eine solche Prognoserechnung in dieser Form gar nicht vor. Es bleibt bei der Benennung eines Basiswertes für die Berechnung, ohne dass zukünftige Entwicklungen einfließen. Da es sich aber um ein Verfahren handelt, das den Ertragswertverfahren zugerechnet werden soll, wird nun die Zukunftsprognose über die Variation des **Prognosezeitraums** vorgenommen. Mit auf- bzw. abwertenden Faktoren werden zukünftige Entwicklungen erfasst. Beispielsweise führt die zeitweise Zusammenarbeit von Übernehmer und Abgeber vermutlich zu einer verstärkten Patientenbindung, die durch Verlängerung des Ergebniszeitraums in Ansatz gebracht wird. Eine zukünftig zu erwartende rückläufige Kaufkraft beispielsweise führt zur Verkleinerung des Zeitraums, der als Multiplikator dient.

Zur schnellen Übersicht wird hier lediglich die Vorgehensweise stichpunktartig zusammengefasst, ein Beispiel ist in Abschn. 4.5.3 aufgeführt:

- Ermittlung von übertragbaren Umsätzen und Kosten,
- in der Folge Ermittlung des übertragbaren Gewinns
- Abzug eines kalkulatorischen Unternehmerlohns gemäß Abschn. 4.3; daraus folgt der nachhaltig erzielbare Gewinn,
- Variation des Basis-Zeitraums von 3,5 Jahren durch auf- und abmindernde Faktoren im Hinblick auf die Zukunftsprognose,
- Multiplikation mit dem sich ergebenden Prognosefaktor,
- Ermittlung des Substanzwertes,
- Addition von immateriellem und materiellem Praxiswert.

Im folgenden Abschnitt wird ein Vorschlag für auf- und abwertende Faktoren unterbereitet. In den weiteren Abschnitten werden die Ergebnisse bei der Anwendung des hier vorgeschlagenen vereinfachten modifizierten Ertragswertverfahren mit anderen Verfahren verglichen.

▶ Das vereinfachte modifizierte Ertragswertverfahren ist leicht anzuwenden und soll einen Anhaltswert zur Ermittlung des objektivierten Praxiswertes liefern. Eine Aussage über einen möglichen Marktwert liefert diese Methode – ebenso wie andere Methoden – nicht.

4.5.1 Vorschlag für auf- und abwertende Faktoren

Wie bereits oben dargestellt, können nach einer grundlegenden Wertermittlung auf- und abmindernde Faktoren allein über die **Anpassung der Verflüchtigungs-**

Tab. 4.3 Aufwertende Aspekte

Aspekt	Jahre
Gleitender Übergang von Übernahme und Abgabe: pro Quartal, max. 4 Quartale	0,1
Einstieg in eine BAG	0,4
Praxis ist Teil einer PG	0,2
Deutliches Potenzial, die Betriebskosten zu verringern	0,1–0,2
Deutliches Potenzial im Auslastungsgrad, den Umsatz zu steigern	0,1–0,2
Großes Potenzial, Arbeitsschwerpunkte (auch unter Wettbewerbsaspekten) auszubauen	0,1–0,2
Großes schlummerndes Potenzial (persönlich, Fachwissen) im übernommenen Team	0,1–0,2
Großes Potenzial der Praxislage für verbessertes Marketing	0,1–0,2
Großes Potenzial in der Einwohner- und Kaufkraftentwicklung	0,1
Großes Potenzial durch Veränderung der Infrastruktur (Einkaufszentrum, Haltestelle etc.)	0,1–0,3

dauer eingebracht werden. Dabei sollten die Untergrenze von 2 Jahren und die Obergrenze von 5 Jahren im Normalfall nicht unter- bzw. überschritten werden, weil dies die maximal zu erwartende Bandbreite darstellt. Die folgenden in den Tab. 4.3 bis 4.6 unterbreiteten Vorschläge beruhen im Wesentlichen auf den Erfahrungen des Verfassers und sollten von der Fachwelt diskutiert und vereinheitlicht werden.

Der Weg über die Verflüchtigungsdauer kann sowohl bei der Ärztekammermethode als auch für das modifizierte Ertragswertverfahren angewendet werden. Zur Mühlen et al. (2010, S. 41 ff.) schlagen im Rahmen der modifizierten Ertragswertmethode vor, einige (nach Möglichkeit alle) der unten aufgeführten Faktoren in der **Zukunfts- und Umsatzanalyse** dergestalt herauszuarbeiten, dass sie bereits dort direkten Einfluss auf den ermittelten nachhaltigen Zukunftsertrag nehmen. Sofern dies im Einzelnen möglich ist, ist das der Königsweg. Dann müssen anschließend keine auf- und abmindernden Faktoren bei der Berechnung der Verflüchtigungsdauer einbezogen werden. Der Verfasser schlägt in diesem Fall die Anwendung des mittleren Faktors von 3,5 Jahren vor.

In vielen Fällen wird eine exakte Bestimmung für jeden einzelnen Aspekt aber nicht möglich sein. Dann wird empfohlen, die Zukunftsprognose pauschaliert unter Nutzung der im Folgenden genannten Faktoren zur Variation der Verflüchtigungsdauer einzubeziehen.

Tab. 4.4 Abwertende Aspekte

Aspekt	Jahre
Deutliche Zunahme der Zahnarztdichte vor Ort	0,1–0,3
Deutliche Steigerung der Betriebskosten zu erwarten	0,1–0,3
Die vorhandenen Arbeitsschwerpunkte können nicht weiter bedient werden	0,1–0,2
Keine Sicherheit, die vorhandenen Praxisräume weiter nutzen zu können	0,1–0,3
Kein Mitarbeiter-Potenzial, schlechte Arbeitsatmosphäre	0,1–0,2
Deutlich überalterter Patientenstamm	0,1–0,3
Deutlich ungünstige Praxislage im Hinblick auf das Marketing	0,1–0,2
Verschlechterung des Potenzials durch Veränderung der Infrastruktur	0,1–0,3
In Ballungsgebieten wird eine Frauenpraxis von einem Mann übernommen	0,1–0,3

Tab. 4.5 Differente Aspekte

Aspekt	Jahre
Langjährige Bindung der Patienten, gute Vertrauensbasis zum Patienten	0,1–0,2
Anteil der Privatpatienten	0,1–0,2
Privatanteil in der Liquidation	0,1–0,2
Zusammensetzung des Patientenpotenzials im Einzugsgebiet	0,1–0,2
Gesetzliche Veränderungen im Gesundheitswesen (zum Beispiel Abrechnungsmodus)	0,1–0,2

▶ Exakt handelt es sich nicht um Faktoren, sondern um Zeiträume, die zum Basiswert der Verflüchtigungsdauer von 3,5 Jahren addiert bzw. subtrahiert werden Tab. 4.4, 4.5, 4.6.

Sie können sowohl auf- als auch abmindernd wirken (nicht allgemein abschätzbar), muss vom Gutachter beurteilt werden.

Die Aspekte wurden bereits durch die Basisdaten erfasst.

4.5.2 Vergleich zur Ärztekammermethode

In den Abschn. 4.3 und 4.4 wurde ein Vorschlag zur Modifizierung des Ansatzes des Arztlohns und der Goodwill-Reichweite gemacht. Wie ist dieser Vorschlag in

Tab. 4.6 Aspekte ohne Einfluss

Aspekt	Jahre
Gesamteinnahmen	0
Honorarumsatz	0
Einnahmen-Überschuss	0
Scheinzahl	0
Einkommensniveau der Patienten	0
Ansehen der Praxis	0
Nachhaltig erzielbarer Gewinn	0
Fremdlaborkosten	0
Regionale Honorarverteilungsregelung	0
Vorhandensein eines Eigenlabors	0
Praxisöffnungszeiten	0
Ablauforganisation	0
Recall-System	0
Alter der Praxis	0
Fluktuation der Mitarbeiter	0
Zusammenarbeit mit Dentallabor	0
Zusammenarbeit mit Depot	0
Bildungsniveau der Patienten	0
Mundgesundheitsniveau der Patienten	0
Einwohnerzahl und Einwohnerentwicklung	0
Erreichbarkeit der Praxis	0

die aktuelle Bewertungspraxis einzuordnen? Dies soll mit Hilfe eines Vergleichs des bisherigen Ansatzes mit dem modifizierten Ansatz anhand der Methodik der Neuen Ärztekammermethodik (BÄK und KBV, 2008) geschehen. Weitere Vergleichsrechnungen finden sich im Anhang.

Dazu werden bewertungsrelevante Überschüsse vor Abzug des Unternehmer-(Arzt-)Lohns Ü von 50.000 € bis 300.000 € angenommen. Zur Ermittlung des Wertes aus der Methodik der Ärztekammer wird der Arztlohn i.H.v. 76.000 € subtrahiert und das Ergebnis mit dem Prognosefaktor 2 multipliziert. Da das Resultat abschließend durch wertmindernde und -steigernde Faktoren individuell angepasst werden soll (was hier nicht geschehen ist), kann von einer Ausgangsberechnung ausgegangen werden. Sie ist in Abb. 4.5 (Vorschlag Ärztekammermethode) dargestellt.

Zum Vergleich wurde für den modifizierten Vorschlag vom Überschuss Ü der vorgeschlagene Unternehmerlohn nach Abschn. 4.3 subtrahiert und mit dem Pro-

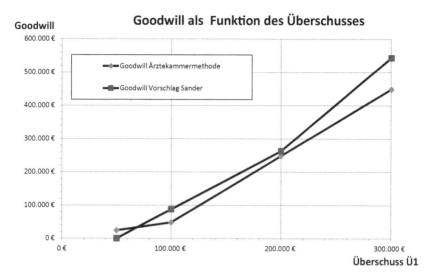

Abb. 4.5 Vergleich der Methodiken der Neuen Ärztekammer mit einem modifizierten Vorschlag nach Sander

gnosefaktor 3,5, was ebenfalls zu einer Ausgangsberechnung führt, multipliziert. Das Ergebnis ist ebenfalls in Abb. 4.5 dargestellt (Vorschlag Sander).

Die beiden Berechnungen, die insgesamt recht gut übereinstimmen, unterscheiden sich im Wesentlichen in zwei Punkten. Während sich bei der modifizierten Berechnung unterhalb von 50.000 € Überschuss kein Goodwill ergibt, weist hier die Ärztekammermethode einen Wert von 24.000 € aus. Im Bereich um Ü = 200.000 € ist die größte Übereinstimmung der Verfahren festzustellen. Im oberen Überschussbereich führt das vereinfachte modifizierte Verfahren zu höheren Goodwill.

Obwohl der Vergleich der Anwendung einer Methodik zur Bestimmung von Anhaltswerten im Sinne einer neutralen Ermittlung mit Marktwerten grundsätzlich problematisch ist (vgl. Abschn. 4.6.1), kann das modifizierte Verfahren in zwei Punkten durch praktische Erfahrungen bestätigt werden. Erstens wird tatsächlich bei Praxen mit geringen Überschüssen heute kein positiver Goodwill mehr realisiert. Und zweitens wurde aktuell (2011) nach einer Untersuchung des IDZ in den alten Bundesländern bei einem Überschuss Ü von ca. 120.000 € (2010, Median ca. 112.000 €, arithmetisches Mittel ca. 125.000 €, vgl. KZBV 2012) ein Goodwill von ca. 107.000 € erzielt. Dieser Wert liegt zwischen den Ergebnissen beider Verfahren. Im oberen Bereich werden aktuell die mit beiden Verfahren ermittelten Goodwill am Markt erfahrungsgemäß nicht realisiert (vgl. auch Abschn. 4.6.3).

4.5.3   Vergleich zum modifizierten Ertragswertverfahren

Das modifizierte und das vereinfachte modifizierte Ertragswertverfahren können nicht exakt verglichen werden, da die subjektiven Einflüsse bei beiden Methoden zu groß sind. Trotzdem wird hier beispielhaft ein Vergleich unter Anwendung des Beispiels 4.2 aus Abschn. 4.2 versucht. Der dort ermittelte objektivierte Praxiswert betrug 158.000 €.

Beispiel 4.6

Ein Arzt/Zahnarzt möchte seine Praxis verkaufen. Er möchte einen Anhaltspunkt dafür bekommen, welchen Preis er am Markt erzielen kann. Der Gutachter schlägt vor, den „objektivierten Wert" zu ermitteln. Das ist der Wert, der sich aus der Fortführung der Praxis ergibt, wenn keine wesentlichen Veränderungen vorgesehen sind und dies auch so in die Berechnung einfließen soll. Der Gutachter macht klar, dass dies zunächst einmal nicht der Entscheidungswert ist, sondern die Basis der Wertermittlung aus Sicht des Verkäufers. Der Entscheidungswert und auch der tatsächlich zu erzielende Erlös können deutlich von diesem objektivierten Wert abweichen. Weiterhin schlägt der Gutachter vor, als Methode zur Ermittlung des objektivierten Wertes das vereinfachte modifizierte Ertragswertverfahren anzuwenden.

Zunächst beschreibt der Gutachter detailliert die Aufgabenstellung sowie die zur Anwendung kommenden Unterlagen. Es folgt die kurze Darstellung der verwendeten Bewertungsmethode.

Dann erfolgt eine Zeitreihenanalyse. Die Praxis hatte in den vergangenen Jahren einen relativ stabilen Umsatz von 405.000 €. 5.000 € davon wurden regelmäßig durch Gutachten und Vorträge, die der Praxisinhaber geleistet hat, erzielt. Dieser Umsatz entspricht dem durchschnittlichen Jahresumsatz der letzten drei bis fünf Kalenderjahre. Der Gutachter stellt fest, dass der Umsatz um die individuell personengebundenen Leistungen bereinigt werden muss. Er kommt zu dem Ergebnis, dass der übertragbare Umsatz 400.000 € beträgt.

Nun schaut sich der Gutachter an, inwieweit sich einzelne Positionen des Umsatzes entwickelt haben, zum Beispiel der Privatumsatz und die Anzahl der Behandlungsfälle. Außerdem wird ein Branchenvergleich vorgenommen und geprüft, ob die Entwicklung der Praxis von der allgemeinen Entwicklung abweicht. Dabei stellt der Gutachter fest, dass die Entwicklung der Vergleichspraxen tendenziell besser ist als bei der Praxis des Auftraggebers. Er analysiert die wertbeeinflussenden Faktoren und kommt zu dem Ergebnis, dass bis auf eine verhältnismäßig hohe Zunahme der Arztdichte keine Auffälligkeiten festzustellen sind. Er beschließt, dies bei den auf- bzw. abwertenden Faktoren zu berücksichtigen.

Die durchschnittlichen Kosten betragen 250.000 €, wovon 20.000 € als außergewöhnlich eingestuft werden. Diese werden vom Gutachter von den durchschnittlichen Kosten subtrahiert. Die übertragbaren Kosten (1) betragen somit 230.000 €. Nun vergleicht der Gutachter die Kostenstruktur mit anderen Branchendaten. Er kommt zu dem Ergebnis, dass die Personalkosten anteilig sehr hoch sind und beschließt, diesen Einfluss in den auf- bzw. abwertenden Faktoren zu berücksichtigen

Bei einer genauen Analyse des Praxisinventars stellt der Gutachter fest, dass dies nicht dem Stand der Technik entspricht und zur Fortführung des Betriebes in der gegenwärtigen Form zusätzliche Investitionen erforderlich sind, deren genaue Höhe er nicht ermitteln, sondern durch die auf- bzw. abmindernden Faktoren berücksichtigen will. Außerdem ist es erforderlich, Marketingmaßnahmen zu jährlichen Kosten einzuleiten, um die nominelle Konstanz der Umsätze zu realisieren.

Der Gutachter ermittelt nun den übertragbaren Gewinn im ersten Jahr zu 400.000 € abzüglich 230.000 € übertragbare Kosten gleich 170.000 €.

Schließlich setzt der Gutachter noch einen kalkulatorischen Unternehmerlohn an, den er bei einer Praxis in dieser Umsatzgröße gemäß Tab. 4.2 mit 110.000 € beziffert. Es ergibt sich ein bewertungsrelevanter Gewinn von 60.000 €.

Zur Festlegung des Prognosezeitraums geht der Gutachter vom Basiswert 3,5 Jahre aus. Er berücksichtigt die auf- bzw. abmindernden Faktoren wie folgt:

Aufwertende Aspekte

Aspekt	Jahre
Gleitender Übergang von Übernahme und Abgabe: pro Quartal, max. 4 Quartale	-
Einstieg in eine BAG	-
Praxis ist Teil einer PG	-
Deutliches Potenzial, die Betriebskosten zu verringern	0,1
Deutliches Potenzial im Auslastungsgrad, den Umsatz zu steigern	-
Großes Potenzial, Arbeitsschwerpunkte (auch unter Wettbewerbsaspekten) auszubauen	-
Großes schlummerndes Potenzial (persönlich, Fachwissen) im übernommenen Team	-
Großes Potenzial der Praxislage für verbessertes Marketing	-
Großes Potenzial in der Einwohner- und Kaufkraftentwicklung	-
Großes Potenzial durch Veränderung der Infrastruktur (Einkaufszentrum, Haltestelle etc.)	-

Abwertende Aspekte

Aspekt	Jahre
Deutliche Zunahme der Zahnarztdichte vor Ort	0,3
Deutliche Steigerung der Betriebskosten zu erwarten	0,3
Die vorhandenen Arbeitsschwerpunkte können nicht weiter bedient werden	-
Keine Sicherheit, die vorhandenen Praxisräume weiter nutzen zu können	-
Kein Mitarbeiter-Potenzial, schlechte Arbeitsatmosphäre	-
Deutlich überalterter Patientenstamm	-
Deutlich ungünstige Praxislage im Hinblick auf das Marketing	0,2
Verschlechterung des Potenzials durch Veränderung der Infrastruktur	-
In Ballungsgebieten wird eine Frauenpraxis von einem Mann übernommen	-

In der Summe überwiegen die abmindernden Faktoren mit 0,8 Jahren, relativiert durch 0,1 Jahr bei den aufwertenden Aspekten. Der Prognosezeitraum ist also mit $3,5 - 0,7 = 2,8$ Jahren anzusetzen und mit dem bewertungsrelevanten Gewinn in Höhe von 60.000 € zu multiplizieren. Es ergibt sich ein ideeller Praxiswert zu 168.000 €.

Wie bereits bei dem überschlägigen Vergleich der Ärztekammermethode mit dem vereinfachten modifizierten Ertragswertverfahren ergibt sich bei dessen Anwendung wie in diesem Beispiel mit 168.000 € ein etwas größerer Praxiswert (+ 6 %) als bei der Berechnung mit dem modifizierten Ertragswertverfahren (158.000 €). Außerdem zeigt sich in dem Vergleich der beiden Beispiele, wie sehr viel präziser die Entwicklung mit dem modifizierten Ertragswertverfahren abgeschätzt werden kann.

Zu berücksichtigen ist außerdem, dass in Beispiel 4.2 ein geringerer Unternehmerlohn als in Beispiel 4.6 angenommen wurde. Bei Anwendung der Unternehmerlöhne wie in Abschn. 4.3 vorgeschlagen (was der Verfasser auch für das modifizierte Ertragswertverfahren vorschlägt), wäre die Differenz noch höher ausgefallen.

Bei der Anwendung der Ärztekammermethode für das o. g. Beispiel ergab sich ein ideeller Praxiswert von 187.200 € (vgl. Beispiel 4.1), der gegenüber dem mit der modifizierten Ertragswertmethode ermittelten Wert um 23 % und gegenüber dem Ergebnis dem mit dem vereinfachten Verfahren ermittelten Wert um 11 % erhöht ist. Das vereinfachte Verfahren liegt mit seinem Ergebnis im Hinblick auf diese Beispiele im Mittelfeld. Es wird noch einmal darauf hingewiesen, dass diese Vergleiche grundsätzlich problematisch sind, weil gänzlich verschiedene Ansätze zugrunde liegen.

Bei aller Schwierigkeit im Vergleich der Verfahren kann dennoch davon aus-gegangen werden, dass das vereinfachte modifizierte Ertragswertverfahren gute Anhaltswerte zur Ermittlung des ideellen Praxiswertes liefert, insbesondere wenn die leichte Werterhöhung in der Ergebnisdarstellung berücksichtigt wird. Der Ver-fasser hat bereits Vorschläge aus der Praxis erhalten, den Basiswert von 3,5 Jahren auf 3 Jahre abzusenken. Das würde in dem o. g. Beispiel den ideellen Wert auf 138.000 €, also gegenüber 158.000 € um 13 % verringern.

▶   Das vereinfachte modifizierte Ertragswertverfahren liefert gute Anhalts-werte zur Bestimmung des ideellen, objektivierten Praxiswertes.

Es sollte im Rahmen der Fortentwicklung des vereinfachten modifizierten Ertrags-wertverfahrens neben der Wichtung der einzelnen (und möglicherweise weiteren) auf- und abmindernden Aspekte auch die Höhe des Basiswertes des Prognose-zeitraums diskutiert werden. Eventuell ist die Veränderung des Mittelwertes auf Beträge zwischen 3,0 und 3,5 – also zum Beispiel 3,3 – der weiterführende Ansatz.

Übung: zur Ermittlung des Praxiswertes mit der vereinfachten modifizierten Ertragswertmethode, alle Zahlen in Euro, Beispielzahlen klein aufgeführt:

Berechnen Sie aus den Jahresabschlüssen hier die mittleren Betriebseinnahmen der Vergangenheit ./. individuell erbrachter Umsätze und tragen Sie den Wert in die rechte Spalte ein.	= 405.000 ./. 5.000
= übertragbarer Umsatz	= 400.000
Ermitteln Sie nun die mittleren Kosten der Vergangenheit.	250.000
Subtrahieren Sie diese vom übertragbaren Umsatz.	150.000
Ermitteln Sie die außergewöhnlichen Kosten die in der vorigen Zeile enthalten waren.	20.000
Addieren Sie oder subtrahieren zu den übertragbaren Kosten.	170.000
Berechnen Sie den Unternehmerlohn nach Tabelle 4.2.	110.000
Subtrahieren Sie zum bewertungsrelevanten Gewinn.	60.000
Berechnen Sie den Ergebniszeitraum, indem Sie auf- und abmindernde Faktoren in die nachstehende Tabelle eintragen.	3,5 − 0,7 = 2,8
Multiplizieren Sie zum Praxiswert	168.000

Aufwertende Aspekte

Aspekt	Jahre
Gleitender Übergang von Übernahme und Abgabe: pro Quartal, max. 4 Quartale	-
Einstieg in eine BAG	-
Praxis ist Teil einer PG	-
Deutliches Potenzial, die Betriebskosten zu verringern	0,1
Deutliches Potenzial im Auslastungsgrad, den Umsatz zu steigern	-
Großes Potenzial, Arbeitsschwerpunkte (auch unter Wettbewerbsaspekten) auszubauen	-
Großes schlummerndes Potenzial (persönlich, Fachwissen) im übernommenen Team	-
Großes Potenzial der Praxislage für verbessertes Marketing	-
Großes Potenzial in der Einwohner- und Kaufkraftentwicklung	-
Großes Potenzial durch Veränderung der Infrastruktur (Einkaufszentrum, Haltestelle etc.)	-
Summe	0,1

Abwertende Aspekte

Aspekt	Jahre
Deutliche Zunahme der Zahnarztdichte vor Ort	0,3
Deutliche Steigerung der Betriebskosten zu erwarten	0,3
Die vorhandenen Arbeitsschwerpunkte können nicht weiter bedient werden	-
Keine Sicherheit, die vorhandenen Praxisräume weiter nutzen zu können	-
Kein Mitarbeiter-Potenzial, schlechte Arbeitsatmosphäre	-
Deutlich überalterter Patientenstamm	-
Deutlich ungünstige Praxislage im Hinblick auf das Marketing	0,2
Verschlechterung des Potenzials durch Veränderung der Infrastruktur	-
In Ballungsgebieten wird eine Frauenpraxis von einem Mann übernommen	-
Summe	0,8

4.6   Marktwerte

Mit dem Kauf bzw. Verkauf der Praxis realisiert sich der Wert der Praxis in ihrem Preis. Der Preis ist am **Markt** entstanden und wird durch viele Faktoren wie
Umsatz, Gewinn, Lage, Ausstattung, Sympathie zwischen **Käufer** und **Verkäufer**
und vieles mehr beeinflusst. Zu beachten ist, dass der Markt nicht vollkommen,
nicht im **Gleichgewicht** ist. Denn dann würden sich Angebot und Nachfrage in
einem Punkt treffen. Es entstünde eine begründbare Abhängigkeit vermutlich zwischen dem bisher erzielten Gewinn der Praxis und dem **Kaufpreis**, dergestalt, dass
der Kaufpreis mit dem Gewinn stiege. Ein Zusammenhang war aber bisher nicht
erkennbar.

Das Institut der deutschen Zahnärzte (IDZ) hat sich dieser Problematik in
2013 angenommen (Klingenberger und Sander 2014), weil die Veräußerung von
Zahnarztpraxen seit 2006 immer schwieriger wurde. Da immer mehr Zahnärzte
als **Angestellte** arbeiten und insgesamt die Anzahl der an der vertragszahnärztlichen Versorgung teilnehmenden Zahnärzte immer weiter gesunken ist, ist es
seit 2006 zu einem **Angebotsüberhang** gekommen. Vielerorts kann man bereits
von einem **Käufermarkt** sprechen. Die Untersuchungen von Klingenberger und
Sander bezogen sich dabei auf den realisierten **Goodwill**, also den **immateriellen**
Praxiswert. Der empirische Zusammenhang zwischen der Entwicklung des durchschnittlichen **Einnahmenüberschusses** und dem Goodwill ist in den vergangenen
Jahren zurückgegangen (vgl. Abb. 4.6).

Insbesondere seit 2006 sind keine signifikanten Abhängigkeiten speziell vom
Einnahmen-/Überschuss mehr erkennbar. Bis 2007 spielten auch an dieser Stelle
nicht weiter zu diskutierende Aspekte der Aufteilung von Goodwill und dem Preis
für die Zulassung eine Rolle. Die extremen Sprünge werden – insbesondere für das
Jahr 2010– auch mit steuerlichen Regelungen in Zusammenhang gebracht. Außerdem war, wie oben erwähnt, ein Rückgang der **Niederlassungsbereitschaft** – auch
durch die Feminisierung des Berufes – zu verzeichnen. Zu beachten ist noch, dass in
Kaufverhandlungen oft ein **Gesamtpreis** festgelegt wird, der dann nach bestimmten Gesichtspunkten in einen materiellen und einen immateriellen Wert aufgeteilt
wird, der nicht der beschriebenen Systematik zur Ermittlung von materiellen und
immateriellen Praxiswerten entspricht. Oft können sich die Befragten auch nur an
den Gesamtpreis und nicht an dessen Aufteilung erinnern.

Unabhängig davon kann unter Berücksichtigung des oben Genannten der
Mittelwert des tatsächlich realisierten Goodwill und dessen Trend abgelesen
werden.

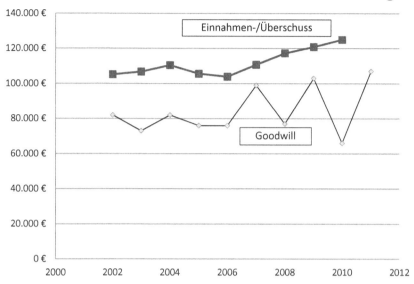

Abb. 4.6 Entwicklung des Goodwill bei Zahnarztpraxen nach Klingenberger und Schwarte (2012, S. 14)

4.6.1 Entwicklung der Marktwerte bei Zahnarztpraxen

4.6.1.1 Forschungsvorhaben zur Entwicklung des Goodwill

Bis zu dem o. g. Forschungsvorhaben des IDZ war unbekannt, welche **Einflussfaktoren** die Kaufpreisverhandlungen bestimmen. Es wurde daher untersucht, inwieweit sich die in der Praxis relevanten Faktoren bei der Kaufpreisfindung mit den in den gängigen Bewertungsverfahren theoretisch gegründeten Kriterien abgleichen lassen. Dabei stand die Betrachtung der praktischen Relevanz von **Sozialkapitalaspekten** im Vordergrund. In diesem Abschnitt werden die Ergebnisse zusammenfassend vorgestellt.

Es wurden 27 Zahnärzte befragt, die zwischen 2010 und 2012 ihre Praxis verkauft bzw. ihren Anteil an einer Berufsausübungsgemeinschaft veräußert haben. Weiterhin wurden 6 Existenzgründer befragt, die im gleichen Zeitraum eine Praxis erworben haben.

Es wurde danach gefragt, welche Aspekte bei der Aushandlung des Goodwill bzw. des ideellen Wertes wertbestimmend waren. Dazu wurde eine dreiskalige

Tab. 4.7 Ranking der Bedeutung der kaufpreisbildenden Aspekte. (Aus: Klingenberger und Sander 2014)

Praxisverkäufer ($N = 27$)	Praxiskäufer ($N = 6$)
1. Betriebswirtschaftliche Einnahmen	1. Betriebswirtschaftliche Einnahmen
2. Sozialkapital	2. Kauf-/Verkaufsverhandlungen selbst
3. Patientenstamm	3. Patientenstamm
4. Positionierung	4. Sozialkapital
5. Praxisorganisation	5. Äußere wirtschaftliche Rahmenbedingungen
6. Betriebswirtschaftliche Kosten und Stabilität	6. Betriebswirtschaftliche Kosten und Stabilität
7. Äußere wirtschaftliche Rahmenbedingungen	7. Positionierung
8. Kauf-/Verkaufsverhandlungen selbst	8. Praxisorganisation

Item-Batterie mit insgesamt 42 Aspekten entwickelt. Die Befragten konnten sich entscheiden, welche Aspekte einen großen, einen gewissen oder keinen Einfluss hatten. Die 42 Items wurden im Rahmen der Analyse in die folgenden acht Kategorien thematisch gruppiert:

• Betriebswirtschaftliche Einnahmen,
• Betriebswirtschaftliche Kostenseite und Stabilität,
• Äußere wirtschaftliche Rahmenbedingungen,
• Positionierung,
• Praxisorganisation,
• Patientenstamm,
• Sozialkapital,
• Kauf-/Verkaufsverhandlungen selbst.

Bei einer Sortierung ergibt sich das in Tab. 4.7 dargestellte Ranking. In den ersten drei Kategorien herrscht Übereinstimmung zwischen den Praxisverkäufern und -käufern.

Der betriebswirtschaftlichen Einnahmenseite wird von beiden Seiten die größte Bedeutung beigemessen. Als zweitwichtigstes Kriterium ergaben sich für beide Gruppen übereinstimmend Aspekte, die unter dem Begriff des Sozialkapitals zusammengefasst wurden. An dritter Stelle wurde der Patientenstamm genannt.

Im Folgenden werden die Ergebnisse, getrennt nach den oben genannten Kategorien, detailliert dargestellt:

In der Kategorie **Betriebswirtschaftliche Einnahmen** wurden die Aspekte „Scheinzahl je Quartal", „Honorarumsatz", die „Gesamteinnahmen" und „Einnahmen-Überschuss" der letzten Jahre sowie der „nachhaltig erzielbare Gewinn" erfasst. Für einen Großteil der befragten Praxisverkäufer hatten diese fünf Aspekte einen großen Einfluss auf die Ermittlung des Goodwill. Klingenberger und Sander (2014) vermuten, dass hier die gängigen Bewertungsverfahren, die ja den Einnahmenüberschuss als wesentliches Kriterium im Hinblick auf die Wertermittlung haben, entsprechenden Einfluss auf die Bedeutung der o. g. Aspekte nehmen.

Die **betriebswirtschaftliche Kostenseite** hat dagegen eine wesentlich geringere Bedeutung. „Fremdlaborkosten" und „Abschreibungen" hatten keinen Einfluss, während Höhe und Entwicklung der „Betriebskosten" immerhin einen gewissen Einfluss auf die Goodwill-Berechnung hatten. Diese Auswertung zeigt erneut den Einfluss der Bewertungsverfahren, denn dort werden Fremdlaborkosten und Abschreibungen eliminiert.

Dem zukunftsorientierten Aspekt der **betriebswirtschaftlichen Stabilität** wird dagegen größere Bedeutung beigemessen. Die „Option, die Praxis in den bisherigen Räumen weiterführen zu können", ist für den Käufer im Hinblick auf die Ausgabenersparnis wichtig. Der „Altersstruktur" der Patienten und dem Behandlungsspektrum der Praxis wurde bei den Kaufpreisverhandlungen nur wenig Bedeutung beigemessen.

Bei den **äußeren wirtschaftlichen Rahmenbedingungen** handelt es sich um solche Aspekte, die der einzelne Zahnarzt am aktuellen Standort nicht beeinflussen kann und die er insofern als gegeben hinnehmen muss. Die Gesichtspunkte „Einkommensniveau der Patienten" und „Einwohnerzahl im Praxisumfeld" nahmen mehrheitlich einen gewissen Einfluss auf den Goodwill. Die Aspekte „Zahnarztdichte vor Ort", „Einwohnerentwicklung im Praxisumfeld" sowie die „voraussichtliche Entwicklung der Raumkosten" wurden dagegen uneinheitlich bewertet. Der Gesichtspunkt der „regionalen Honorarverteilungsregelungen der KZV" ist inzwischen wegen des Wegfalls der Budgets im Zahnersatzbereich und der Einführung eines bundeseinheitlichen Punktwertes für Zahnersatz unbedeutend.

Die **Positionierung** der Praxis ist die Basis für alle Marketingmaßnahmen. Um die Positionierung der Praxis zu finden, muss zunächst eine Marktsegmentierung vorgenommen werden, um darauf aufbauend eine Positionierungsstrategie entwickeln zu können. Eine Positionierung kann u. a. über eine Spezialisierung, über eine Zielgruppe, über Service und Produktqualität oder aber über den Preis erfolgen (Sander und Müller 2011). Die Existenz eines mittels Positionierung erreichten Alleinstellungsmerkmals der Praxis wirkt stark auf die Patientenbindung, da der Zahnarzt kein homogenes Produkt, sondern eine individuelle Dienstleistung anbietet (Herder-Dorneich 1980), die auf die Präferenzen des Patientenstammes abgestimmt ist. In diesem Sachverhalt besteht der Zusammenhang zum ideellen Wert einer Praxis.

Die im Bericht des IDZ unter dem Begriff der Positionierung zusammengefassten sieben Aspekte hatten insgesamt kaum Einfluss auf die Berechnung des Goodwill. Weder die „Existenz eines Eigenlabors mit eigenem zahntechnischen Laborpersonal" noch die „Existenz eines Recall-Systems" oder die „etablierten Praxisöffnungszeiten" beeinflussten die Kaufpreisverhandlungen wesentlich. Einen *gewissen Einfluss*hatten dagegen die „etablierten Arbeitsschwerpunkte", und die verkehrsmäßige „Erreichbarkeit der Praxis" wurde mehrheitlich als höchst relevant angesehen. Die „Bedeutung der Praxisform" wurde bei den Kaufpreisverhandlungen uneinheitlich gesehen. Der „Praxislage" mit dem räumlichen Praxisumfeld kam dagegen höchste Bedeutung zu.

Der Begriff der **Praxisorganisation** umschreibt „die Ordnung aller Arbeitsabläufe und Maßnahmen, die zu einer erfolgreichen Praxisführung führen" (Frodl 1995). Zum Teil unterliegt die Praxisorganisation aufgrund gesetzlicher Bestimmungen einer gewissen Standardisierung, so etwa im Bereich des Qualitäts- und Hygienemanagements (Bergmann-Krauss und Boehme 2005; Meyer und Jatzwauk 2010). Ebenso wie die Praxispositionierung wird auch die Praxisorganisation relativ individuell durch die Person des Praxisinhabers geprägt.

Fünf der 27 befragten Praxisverkäufer maßen insgesamt der Praxisorganisation eine große Bedeutung im Hinblick auf die Höhe des Goodwill zu. Im Detail wurde jedoch sowohl der „Ablauforganisation der Praxis" als auch dem „Qualitätsmanagement-System der Praxis" mehrheitlich keine Bedeutung beigemessen. Lediglich der „Kenntnisstand der Mitarbeiter", gemessen an den Fortbildungsaktivitäten der letzten Jahre, wurde häufiger als relevant eingestuft.

Für die Praxiskäufer war die Praxisorganisation noch weniger wichtig. Im Ranking der Bedeutung der kaufpreisbildenden Aspekte nahm die Praxisorganisation den letzten Platz ein (vgl. Tab. 4.7).

Die Intensität der Bindung des **Patienten** an die Praxis wird als die zentrale Einflussgröße auf den Goodwill angesehen (Schmid-Domin 2013). Zwei Aspekte des Patientenstammes wurden bereits unter der Rubrik „Betriebswirtschaftliche Stabilität" (Altersstruktur der Patienten) bzw. „Äußere wirtschaftliche Rahmenbedingungen" (Einkommensniveau der Patienten) angesprochen.

Fünf der 27 befragten Praxisverkäufer bewerteten den Einfluss der Patientenstruktur auf die Höhe des Goodwill als bedeutsam. Relevant war hier vor allem der „Anteil der Privatpatienten", der in der Literatur teils als goodwillerhöhend berücksichtigt wird (Schmid-Domin 2013), teils aber auch mit Hinweis auf eine möglicherweise höhere Wechselneigung der Privatpatienten als „negativer wertbildender Faktor" (Klapp 1997) gewertet wird. Weitere Aspekte wie etwa das „Bildungsniveau der Patienten" und das „Mundgesundheitsniveau der Patienten" wurden überwiegend bei den Kaufpreisverhandlungen nicht berücksichtigt. Neun Items der Fragebatterie wurden dem **Sozialkapitalansatz** zugerechnet. Es wurde nicht geprüft, ob und in welchem Maße das in der Zahnarztpraxis inkorporierte Sozialkapital zum wirtschaftlichen Erfolg der Praxis beiträgt – diese Frage wird auch in der wissenschaftlichen Literatur strittig diskutiert (Preisendörfer 2007). „Entscheidend war einzig und allein der Sachverhalt, ob Aspekte des Sozialkapitals im Rahmen der Kaufpreisverhandlungen überhaupt thematisiert wurden." Fünf Praxisverkäufer gaben an, dass die zehn Sozialkapitalaspekte in der Befragung auf die Goodwill-Berechnung alles in allem einen großen Einfluss hatten. Insgesamt ist dabei der Beziehung zwischen Zahnarzt und Patient relevant, während die Beziehung zu den Mitarbeitern und vor allem zu den externen Zulieferern als nachrangig gewertet wurde.

Die Aspekte „langjährige Bindung des Patienten an die Praxis bzw. das Praxisteam", „persönlicher Kontakt und die Vertrauensbasis zum Patienten" sowie das „Ansehen der Praxis im räumlichen Umfeld" nahmen bei den Praxisverkäufern einen großen Stellenwert ein. Dieser Befund wird durch die Arbeit von Wurpts gestützt, der die herausragende Bedeutung von Vertrauen und Reputation bei der Zahnarztsuche ausdrücklich herausstreicht (Wurpts 2011). Die „bisherige Zusammenarbeit der Praxis mit dem örtlichen Dentaldepot" sowie mit dem „externen zahntechnischen Labor" war dagegen in den meisten Fällen ohne Einfluss auf die Berechnung des ideellen Praxiswertes. Dies galt ebenso für das „Alter der Praxis" sowie die „Mitarbeiterfluktuation".

Eine Anmerkung: Klingenberger und Sander (2014) weisen darauf hin, dass „aus der Forschungsliteratur bekannt ist, dass sich eine hohe Personalfluktuation spürbar auf der Umsatzseite in Form entgangener Einnahmen niederschlägt (Klingenberger und Becker 2007). Es ist zu vermuten, dass die Patientenbindung zumindest teilweise auch über die Praxismitarbeiter aufgebaut und erhalten wird. Insofern ist dieser Befund erstaunlich und bedarf weiterer Aufklärung durch entsprechende Forschungsansätze." Dies ist auch für die Ermittlung der wertbestimmenden Faktoren im Rahmen der einschlägigen Bewertungsansätze von Bedeutung. Die Aspekte „Arbeitsatmosphäre im Team" sowie der „Dauer der Betriebsangehörigkeit der Mitarbeiter" wurden dagegen uneinheitlich bewertet, obwohl diese betriebswirtschaftlich eine stabilisierende Wirkung haben.

Ein weiterer Aspekt des Sozialkapitalansatzes war die etwaige gegenseitige Sympathie von Praxiskäufer und Praxisverkäufer, die aus der Sicht von acht Praxisverkäufern bei den Kaufpreisverhandlungen von großer Relevanz war. Dabei spielte die gegenseitige Sympathie eine generell größere Rolle, wenn sich Praxisverkäufer und Praxiskäufer schon vor den Kaufpreisverhandlungen persönlich kannten. „Der Einfluss der „weichen" Sozialkapitalaspekte in den Kaufpreisverhandlungen wurde im Falle einer größeren persönlichen Vertrautheit der Verhandlungspartner auch deutlich höher bewertet, während die Praxisverkäufer, die den Praxiskäufer vorab nicht persönlich kannten, umgekehrt die „harten" betriebswirtschaftlichen Kriterien und Maßzahlen merklich stärker gewichteten."

Hier nehmen offensichtlich spezielle soziale Aspekte gegenüber betriebswirtschaftlichen Aspekten eine ganz bedeutsame Position ein. Zitat eines Abgebers: „Seit über 50 Jahren habe ich zu dem Praxisort eine persönliche Bindung. Es war mir daher wichtig, einen Nachfolger zu finden, der eine ähnliche Einstellung zum zahnärztlichen Beruf hat wie ich. Es gab Bewerber, bei denen ich das Gefühl hatte, dass es ihnen nur darum ging, viel Geld zu verdienen. Von denen hätte ich auch einen höheren Verkaufserlös erzielen können."

Klingenberger und Sander (2014) folgern daraus: „Das Bestreben, über eine zeitlich befristete Zusammenarbeit eine gemeinsame Praxisphilosophie mit dem Erwerber herzustellen, kann sich insofern für beide Seiten auszahlen. Umgekehrt können unterschiedliche Praxiskulturen des alten und des neuen Praxisinhabers insbesondere bei einem zeitlich gestreckten Übergang aber auch konfliktreich sein, zu einer Ablehnung bzw. zu einem Abbruch der Mitarbeit des alten Praxisinhabers führen und in der Konsequenz eine Abwanderung der Praxismitarbeiter und Patienten auslösen. Der direkte Einfluss auf den ideellen Wert der Praxis ist hier klar ersichtlich."

Die verbliebenen vier Aspekte beziehen sich auf die Rahmenbedingungen, unter denen die **Kauf- bzw. Verkaufsverhandlungen** stattfinden. Dabei handelt es sich um die Aspekte der „Mitbewerbersituation bei den Kaufverhandlungen", die optionale „Vorlage eines Praxiswertgutachtens", „gegenseitige Sympathie" sowie etwaige „steuerliche Gestaltungsmöglichkeiten beim Praxiskauf". Diese Aspekte hatten entgegen der Erwartung aus Sicht der Praxisverkäufer keinen Einfluss auf die Aushandlung des Goodwill. Wie oben bereits beschrieben, wird die gegenwärtige Marktsituation durch einen allgemeinen Angebotsüberhang bestimmt, wodurch die Käuferseite im Vorteil ist. Diese Marktlage wurde auch explizit von einem Praxisverkäufer thematisiert: „Letztlich gibt es nur noch einen Marktwert, wobei zur Zeit das Angebot von Zahnarztpraxenabgebern größer ist als die Nachfrage." Bei einer geringen Resonanz auf geschaltete Verkaufsanzeigen sei die „Nachfolgerfindung Glück und Zufall". Diese Umstände beeinflussen im Einzelfall dann offenbar den Kaufpreis: „Nachdem (...) kein potenzieller Bewerber in Sicht war, bekam meine Nachfolgerin (...) einen Vorzugspreis. Man kann es auch Torschlusspanik nennen."

4.6.1.2 Interpretation im Hinblick auf den Aspekt des Sozialkapitals

Im Vordergrund der Überlegungen von Käufer und Verkäufer zur Kaufpreisbildung steht einerseits die Einnahmenseite bzw. die Anzahl der Scheine der Praxis, andererseits spielt aber die Kostenseite eine eher untergeordnete Rolle. In diesem Zusammenhang wird zum Beispiel auch der Anzahl der Privatpatienten bzw. zuzahlungsbereiten Patienten eine hohe Bedeutung beigemessen.

Klingenberger und Sander (2014) interpretieren die Ergebnisse der Studie so, dass der Grad der „**Festigkeit**" der Aspekte für beide Seiten maßgeblich ist. Aspekte mit hoher Festigkeit sind vom Käufer eher schwer, Aspekte mit geringer Festigkeit eher leicht zu verändern. Entsprechend sind die Gesichtspunkte mit hoher Festigkeit eher wichtig im Hinblick auf die **Kaufpreisfindung**.

Aspekte mit hoher Festigkeit sind beispielsweise:

- Möglichkeit der Weiterführung der Praxis in den vorhandenen Räumen,
- Praxislage.

Aspekte mit eher geringer Festigkeit sind zum Beispiel:

- Altersstruktur der Patienten,
- Behandlungsspektrum,
- Verhältnis Praxisinhaber zu Mitarbeitern und externen Partnern,
- Positionierung,
- Organisation.

Bemerkenswert ist, dass die Einschätzungen der Bedeutung einzelner Aspekte zwischen Käufer und Verkäufer teilweise abweichend sind. So sind zum Beispiel Positionierung und Organisation für den Verkäufer eher wichtig als für den Käufer. Die äußeren wirtschaftlichen Randbedingungen, zu denen auch die Kaufkraft gezählt werden kann, spielen für den Verkäufer keine große Rolle, wohl aber eher für den Käufer. Weiterhin beachtlich ist jedoch, dass mit zunehmender Sympathie zwischen Käufer und Verkäufer ist die rein betriebswirtschaftlichen Aspekte bei der Kaufpreisfindung tendenziell in den Hintergrund rücken.

Im Hinblick auf die Bedeutung für die Verfahren zur Ermittlung des Praxiswertes können die Ergebnisse der Studie für die Ermittlung des Entscheidungswertes mit Hilfe der modifizierten Ertragswertmethode herangezogen werden. „So kann etwa aus Verkäufersicht eine stabile Zahnarzt-Patienten-Bindung oder der bekanntermaßen gute Ruf der Praxis den Entscheidungswert deutlich erhöhen. Eine etwas ungünstige Praxislage kann wiederum den Entscheidungswert deutlich herabsetzen. Mit „deutlich" ist hier gemeint, dass diesen Aspekten eine größere Bedeutung beigemessen wird als ohnehin schon mit den gängigen Methoden zur Basiswertermittlung." Dies kann sich auch in den auf- und abwertenden Faktoren bei den Verfahren niederschlagen, die tendenziell eher die Ermittlung eines „objektivierten Praxiswertes" im Fokus haben.

4.6.1.3 Interpretation im Hinblick auf betriebswirtschaftliche Aspekte

Der Verfasser stellt im Folgenden die Aspekte der IDZ-Studie ergänzend tendenziell eher unter betriebswirtschaftlichen als aus dem Blickwinkel des Sozialkapitals zusammen:

- **BWL-Einnahmen**: Gesamteinnahmen der letzten Jahre, Honorarumsatz der letzten Jahre, Einnahmen-Überschuss vor Steuern in den letzten Jahren, Anzahl der Scheine je Quartal in den letzten Jahren, nachhaltig erzielbarer Gewinn;
- **BWL-Kosten und Stabilität**: Fremdlaborkosten der letzten Jahre, Betriebskosten der letzten Jahre, Abschreibungen der letzten Jahre, Option zur Weiterführung in den bisherigen Räumen, Altersstruktur der Patienten;
- **Äußere wirtschaftliche Randbedingungen**: regionale Honorarverteilungsregelungen der KZV, Einkommensniveau der Patienten (Kaufkraft der Region), Zahnarztdichte vor Ort, Einwohnerzahl im Praxisumfeld, voraussichtliche Entwicklung der Raumkosten, Einwohnerentwicklung im Praxisumfeld;
- **Positionierung**: etablierte Arbeitsschwerpunkte, Existenz eines Eigenlabors mit eigenem zahntechnischen Personal, Praxform (Einzelpraxis, Kooperation), etablierte Praxisöffnungszeiten, Existenz eines Recall-Systems, Alter der Praxis, Ansehen der Praxis im räumlichen Umfeld, Praxislage, Erreichbarkeit der Praxis (Parkplätze, Anbindung an ÖPNV);
- **Organisation und Partner**: Ablauforganisation der Praxis, Qualitätsmanagementsystem, bisherige Zusammenarbeit der Praxis mit dem örtlichen Dentallabor, bisherige Zusammenarbeit der Praxis mit dem externen zahntechnischen Labor;
- **Mitarbeiter**: Dauer der Betriebsangehörigkeit der Mitarbeiter, Kenntnisstand der Mitarbeiter (Umfang der Fortbildungsaktivitäten), Mitarbeiterfluktuation, „Arbeitsatmosphäre" im Team;
- **Patienten**: langjährige Bindung der Patienten an die Praxis bzw. das Praxisteam, persönlicher Kontakt und Vertrauensbasis zum Patienten, Bildungsniveau der Patienten, Mundgesundheitsniveau der Patienten, Anteil der Privatpatienten;

Tab. 4.8 Ranking der Bedeutung der kaufpreisbildenden Aspekte (unter eher betriebswirtschaftlichen Aspekten)

Praxisverkäufer ($N = 27$)	Praxiskäufer ($N = 6$)
1. Betriebswirtschaftliche Einnahmen	1. Betriebswirtschaftliche Einnahmen
2. Patienten	2. Patienten
3. Mitarbeiter	3. Kauf-/Verkaufsverhandlungen selbst
4. Positionierung	4. Positionierung
5. BWL-Kosten und Stabilität	5. Äußere wirtschaftliche Rahmenbedingungen
6. Äußere wirtschaftliche Rahmenbedingungen	6. BWL-Kosten und Stabilität
7. Organisation und Partner	7. Organisation und Partner
8. Kauf-/Verkaufsverhandlungen selbst	8. Mitarbeiter

- **Verhandlung selbst**: Mitbewerbersituation bei den Kaufverhandlungen, gegenseitige Sympathie von Praxiskäufer und Praxisverkäufer, Vorlage eines Praxiswertgutachtens, steuerliche Gestaltungsmöglichkeiten beim Praxisverkauf.

Die Auswertung nach dieser Kategorisierung führt zu dem in Tab. 4.8 dargestellten Ergebnis:

Bei dieser Auswertung spielen ebenfalls die **betriebswirtschaftlichen Einnahmen** die maßgebliche Rolle im Hinblick auf die **Praxiswertermittlung**. Es folgen sowohl bei Käufern als auch bei Verkäufern die Patienten. Offenbar wird die „**Qualität**" der vorhandenen **Patientenstruktur** ähnlich stark bewertet wie die betriebswirtschaftliche Einnahmenseite bzw. wird ihnen sogar zugerechnet.

Für die Verkäufer hat die „Qualität" der Mitarbeiter im Hinblick auf die Praxiswertermittlung eine große Bedeutung, während die Käuferseite dies als am wenigsten wichtig erachtet. Offensichtlich kann hier wie bei der Interpretation unter dem Fokus des **Sozialkapitals** davon ausgegangen werden, dass Aspekte mit geringer Festigkeit – wie auch **Organisation** und **Partner** – eine eher untergeordnete Rolle spielen. Die Positionierung liegt im oberen Mittelfeld, wobei bei den Einzelaspekten hier sowohl Items mit hoher als auch mit geringer Festigkeit auszumachen sind.

Wie schon bei der vorigen Auswertung haben die BWL-**Kosten** und die **Stabilität** sowie die **äußeren wirtschaftlichen Rahmenbedingungen** eine etwas geringere Bedeutung für beide Seiten. Auch hier sind Aspekte mit hoher und mit geringer Festigkeit enthalten. Hierbei haben für die Praxisverkäufer die **Verkaufsverhand-**

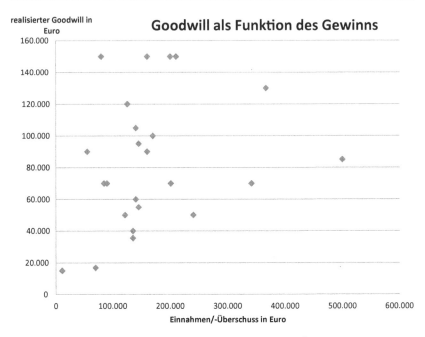

Abb. 4.7 Realisierter Goodwill in Abhängigkeit des Einnahmen/-Überschusses der Praxis

lungen selbst praktisch keine Bedeutung, während die **Kaufverhandlungen** für den Käufer eher wichtig sind. Um hier zu gesicherten Erkenntnissen zu gelangen, sind weitergehende Untersuchungen erforderlich.

Insgesamt kann die Interpretation der Ergebnisse aus der Sicht des Sozialkapitalansatzes mit dieser Sichtweise bestätigt werden. Hohe Festigkeiten der Aspekte führen zu einer höheren Bedeutung im Hinblick auf die Kaufpreisfindung. Deutlich im Vordergrund steht die betriebswirtschaftliche Einnahmensituation, zu der auch die (übernommenen) Patienten gerechnet werden. Die vorhandene **Positionierung** der Praxis hat ebenfalls eine gewisse Bedeutung. Die Kostenseite hat wenig Bedeutung, und der Aspekt der Sympathie bei der Kaufpreisfindung sollte weiter hinterfragt werden.

Ein weiteres Ergebnis der Untersuchung bezieht sich auf den direkten Zusammenhang zwischen dem Einnahmen/-Überschuss und dem realisierten Goodwill. Hier haben 24 der befragten Käufer und Verkäufer geantwortet. Das Ergebnis ist in Abb. 4.7 dargestellt.

Es existiert nach dieser Untersuchung kein signifikanter Zusammenhang zwischen dem Gewinn der Praxis und dem realisierten Goodwill. Allenfalls kann eine Minimalgröße festgestellt werden: Praxen mit einem Überschuss von 100.000 € erzielen mindestens 20.000 €, bei 200.000 € Überschuss ergeben sich mindestens 40.000 € und bei 400.000 € Überschuss beträgt der Goodwill mindestens 80.000 €. Diese Abhängigkeit ist linear. Allerdings gibt es bei den realisierten Goodwill oberhalb dieser Grenzkurve ein weites und beliebiges Feld nach oben.

▶ In diesem Zusammenhang sei schließlich angemerkt, dass Bewertungsverfahren, die – insbesondere regionale – Marktaspekte einbeziehen, spätestens nach Vorliegen der IDZ-Studie als nicht seriös und bewertungstheoretisch inkorrekt eingestuft werden müssen.

4.6.2 Entwicklung der Marktwerte bei Arztpraxen

Für Arztpraxen gibt es nach Kenntnis des Verfassers keine Untersuchungen, die Rückschlüsse auf die Entwicklung des Goodwill wie bei Zahnarztpraxen zulassen. Es ist daher offen, ob es einen signifikanten Zusammenhang zwischen dem erzielten Goodwill bei der Veräußerung von Arztpraxen und zum Beispiel deren Anteil und Höhe an Privateinnahmen oder erzielten Einnahmen-/Überschüssen gibt. Nach den Erfahrungen des Verfassers ist dies nicht der Fall. Bis zum Vorliegen konkreter Ergebnisse sollte also von der Annahme ausgegangen werden, dass sich die Abhängigkeiten vermutlich wie bei den Zahnarztpraxen darstellen – ohne signifikante Abhängigkeit des Goodwill vom Einnahmen-/Überschuss.

4.6.3 Marktwerte kleiner und großer Praxen

In der Bewertungspraxis kann beobachtet werden, dass für den Wert umsatz- und gewinnstarker Praxen verhältnismäßig geringere Beträge ermittelt werden als für umsatz- und gewinnschwache. An einem Beispiel, das einem realen Fall angenähert ist, soll dies erläutert werden.

Beispiel 4.7

Ein Arzt/Zahnarzt möchte seine Praxis verkaufen. Er möchte einen Anhaltspunkt dafür bekommen, welchen Preis er am Markt erzielen kann. Der Gutachter schlägt vor, den „objektivierten Wert" zu ermitteln. Weiterhin schlägt der Gutachter vor, als Methode zur Ermittlung des objektivierten Wertes das modifizierte Ertragswertverfahren anzuwenden.

Zunächst beschreibt der Gutachter detailliert die Aufgabenstellung sowie die zur Anwendung kommenden Unterlagen. Es folgt die kurze Darstellung der verwendeten Bewertungsmethode.

Dann erfolgt eine Zeitreihenanalyse. Die Praxis hatte in den vergangenen Jahren einen relativ stabilen Umsatz von 870.000 €. Dieser Umsatz entspricht dem durchschnittlichen Jahresumsatz der letzten drei bis fünf Kalenderjahre. Bereinigungen müssen nicht vorgenommen werden. Der Gutachter kommt zu dem Ergebnis, dass der übertragbare Umsatz 870.000 € beträgt. Von einer Steigerung der Umsätze nach der Übernahme geht er zunächst nicht aus, obwohl der Übernehmer ein Jahr lang zusammen mit dem Abgeber in der Praxis arbeiten wird und somit eine Beziehung zu Patienten bzw. Zuweisern aufgebaut wird, die voraussichtlich umsatzstabilisierend sein wird.

Die durchschnittlichen Kosten betragen 290.000 €, wovon 20.000 € als außergewöhnliche Kosten anfallen. Diese werden vom Gutachter von den durchschnittlichen Kosten subtrahiert. Die übertragbaren Kosten (1) betragen somit 270.000 €. Nun vergleicht der Gutachter die Kostenstruktur mit anderen Branchendaten. Der Gutachter kann keine Auffälligkeiten feststellen. Die übertragbaren Kosten betragen somit 270.000 €.

Hinsichtlich der sich zukünftig verändernden Kosten geht der Gutachter von einer jährlichen Steigerung von insgesamt 2 % aus.

Bei einer genauen Analyse des Praxisinventars stellt der Gutachter fest, dass zur Fortführung des Betriebes in der gegenwärtigen Form zusätzliche Investitionen erforderlich sind, die zusätzliche Abschreibungen in Höhe von 45.000 € sowie 10.000 € Zinsen im Jahr betragen, gesamt also 55.000 €. Der Gutachter ermittelt nun die übertragbaren Gewinne im ersten Jahr zu 540.000 €, im zweiten Jahr zu 534.000 € und im dritten Jahr zu 528.000 €.

Schließlich setzt der Gutachter noch einen kalkulatorischen Unternehmerlohn an, den er bei einer Praxis in dieser Umsatzgröße mit 220.000 € beziffert. Eine Steigerung ist nicht vorgesehen, weil der Unternehmerlohn vom Umsatz abhängig sein soll und damit konstant bleibt. Die bewertungsrelevanten Gewinne betragen nunmehr nach Abzug des Unternehmerlohns im ersten Jahr 320.00 €, im zweiten Jahr 314.000 € und im dritten Jahr 308.000 €.

Nun berechnet der Gutachter den Wert der Praxis auf den Bewertungsstichtag und wertet die oben ermittelten Werte ab (abzinsen, diskontieren). Dazu nimmt er einen Zinsbasiswert für Umlaufrenditen, der am Tag der Ermittlung 1,2 % beträgt, und versieht ihn mit einem Risikoaufschlag von 25 %. Der Zinsansatz hinsichtlich der Diskontierung beträgt demnach 1,50 %. Es ergibt sich für das erste Jahr 0,985, für das zweite Jahr zu 0,971 und für das dritte Jahr 0,956. Für die Praxiswerte ergibt sich durch Multiplikation mit dem Diskontierungsfaktor für das erste Jahr ein Wert in Höhe von 315.000 €, für das zweite Jahr 305.000 € und für das dritte Jahr 294.000 €.

Im Endergebnis stellt der Gutachter also einen ideellen Praxiswert in Höhe von 914.000 € fest.

Zusammenfassung zum Vorgehen zur Ermittlung des Praxiswertes mit der modifizierten Ertragswertmethode in einem Beispiel für eine große Praxis (in Euro):

durchschnittlicher Umsatz	= 870.000
./. individuell erbrachter Umsätze	./. -
= übertragbarer Umsatz	= 870.000

	Stand	Jahr 1	Jahr 2	Jahr 3
(prognostizierte) bereinigte Umsätze	870.000	870.000	870.000	870.000
(prognostizierte) Kosten	270.000			
zusätzlich zu erwartende Kosten für AfA und Zinsen		55.000	55.000	55.000
allg. Kostensteigerung 2% auf den Stand		275.000	281.000	287.000
Summe der prognostizierten Kosten		330.000	336.000	342.000
prognostizierter Gewinn (Umsatz – Kosten)		540.000	534.000	528.000
abzgl. Unternehmerlohn	220.000	220.000	220.000	220.000
bewertungsrelevanter Gewinn		320.000	314.000	308.000
Diskontierungsfaktor f mit i=1,5%		0,985	0,971	0,956
Praxiswerte		315.000	305.000	294.000
ideeller Praxiswert				914.000

Dieser hohe Wert von 914.000 € wurde vom Gutachter bereits durch die Annahme eines relativ hoch angesetzten Unternehmerlohns „gedrückt". Nach konsequentem Vorgehen gemäß den Erläuterungen in diesem Buch hätte ein niedrigerer Unternehmerlohn angesetzt werden müssen, woraus sich ein noch höherer Praxiswert ergibt (vgl. Beispiel 4.8).

Beispiel 4.8

Zusammenfassung zum Vorgehen zur Ermittlung des Praxiswertes mit der modifizierten Ertragswertmethode in einem Beispiel für eine große Praxis und Ansatz Unternehmerlohn nach Abschn. 4.3:

durchschnittlicher Umsatz	= 870.000
./. individuell erbrachter Umsätze	./. -
= übertragbarer Umsatz	= 870.000

	Stand	Jahr 1	Jahr 2	Jahr 3
(prognostizierte) bereinigte Umsätze	870.000	870.000	870.000	870.000
(prognostizierte) Kosten	270.000			
zusätzlich zu erwartende Kosten für AfA und Zinsen		55.000	55.000	55.000
allg. Kostensteigerung 2% auf den Stand		275.000	281.000	287.000
Summe der prognostizierten Kosten		330.000	336.000	342.000
prognostizierter Gewinn (Umsatz – Kosten)		540.000	534.000	528.000
abzgl. Unternehmerlohn	160.000	160.000	160.000	160.000
bewertungsrelevanter Gewinn		380.000	374.000	368.000
Diskontierungsfaktor f mit i=1,5%		0,985	0,971	0,956
Praxiswerte		374.000	363.000	352.000
ideeller Praxiswert				1.089.000

Bei Anwendung der Methode in der hier vorgestellten Form ergibt sich ein realistischer Praxiswert in Höhe von 1.089.000 €.

Nach der Ärztekammermethode ergibt sich der in Beispiel 4.9 berechnete Wert:

Beispiel 4.9

Zusammenfassung zum Vorgehen zur Ermittlung des Praxiswertes mit der Ärztekammermethode in einem Beispiel (in Euro):

durchschnittlicher Umsatz	= 870.000
./. individuell erbrachter Umsätze	./. -
= übertragbarer Umsatz	= 870.000
./. Kosten	./. 290.000
= Gewinn (1)	= 580.000
+ nicht übertragbare Kosten	+ 20.000
= übertragbarer Gewinn	= 600.000
./. Arztlohn	./. 76.000
= nachhaltig erzielbarer Gewinn	= 524.000
mal Prognosefaktor	mal 2,0
= ideeller Wert	= 1.048.000
mal Korrekturfaktor	mal 1
= endgültiger ideeller Wert	= 1.048.000
+ materieller Wert	+ x
= Praxiswert	= 1.048.000 + x

Auch bei Anwendung der Ärztekammermethode ergibt sich ein Wert von mehr als 1 Mio. €. Das war dem Gutachter in dem vorliegenden, realen Beispiel aber offensichtlich zu hoch. Denn er setzte bei den Umsätzen völlig willkürlich und ohne Begründung die „Erfolgsrealisierung" im ersten Jahr zu 80 %, im zweiten Jahr zu 60 % und im dritten Jahr zu 35 % fest. Damit ergab sich ein Praxiswert in Höhe von ca. 525.000 €.

Diese Situation ist häufig anzutreffen. Ganz offensichtlich versuchen die Gutachter, wenn nichts anderes dokumentiert wurde, oft so etwas wie „**Marktwerte**" zu bestimmen. Weil bei großen Praxen aber entsprechend diesem Beispiel Ergebnisse berechnet werden, die im Markt nie realisiert werden, werden die Werte „heruntergerechnet". Es fehlt hier eine klare Aussage, warum der Gutachter die Gewinne nur anteilig und in der genannten Abstufung ansetzt. Dabei ist zu beachten, dass der Gutachter den wahren Grund dafür nicht angeben kann, denn dann würde er einräumen müssen, „Marktwerte" ohne jede Grundlage ermittelt zu haben.

Es darf nicht vergessen werden, was der berechnete Praxiswert – hier von ca. 1 Mio. € – bedeutet: Es ist der Wert, den ein Käufer investieren kann, um den gleichen Erfolg wie in der besten Alternative zu erreichen (Rendite). Das kann in einem Gutachten dargestellt werden. Es kann auch ausgedrückt werden, dass der tatsächlich zu realisierende Wert nach den Erfahrungen des Gutachters – und die liegen ja wohl vor – erheblich niedriger sein wird. Dann wäre das Gutachten korrekt.

Für die Praxis hat dies aber eine besondere Bedeutung:

▶ Je größer der nachhaltige Gewinn einer Praxis ist, desto relativ günstiger kann sie erworben werden.

In diesem Zusammenhang sollen auch die Ängste vieler Ärzte und Zahnärzte vor hohen Investitionen in den Erwerb einer Praxis diskutiert werden. Die Höhe des Wertes lässt keine Aussage darüber zu, ob es sich um eine vorteilhafte oder um eine unvorteilhafte Investition handelt. Entscheidend ist die Differenz zwischen Wert und Preis. Wenn der Preis deutlich nach unten abweicht, ist das gut für den Käufer. Weicht der Preis nur gering vom Wert ab oder liegt er sogar oberhalb des Wertes, ist das günstig für den Verkäufer. Das gilt für jede Wertart.

4.7 Vorgehen in dominierten Konfliktsituationen

Dieser Fall ist ein typischer in der Bewertungspraxis. Gesucht wird der **Arbitriumwert**, wenn eine **dominierte Konfliktsituation** besteht, zum Beispiel, wenn Zahnarzt A, der in **Gemeinschaftspraxis** mit Zahnarzt B ist, sich von diesem tren-

nen und die Praxis allein weiterführen will. Der Anlass ist für B dominierend, für
A nicht. Es handelt sich um eine dominierte Konfliktsituation, weil „eine der beteiligten Konfliktparteien eine Änderung der Eigentumsverhältnisse auch gegen den
erklärten Willen der anderen Parteien erzwingen" kann (Matschke und Brösel 2013,
S. 93). In diesem Fall schlägt Matschke (in Matschke und Brösel 2013, S. 482) vor,
dass der Arbitriumwert dem Entscheidungswert der dominierten Partei, hier Zahnarzt B, entspricht, denn hier „wird die dominierte Partei nicht schlechter gestellt als
bei Unterlassung der Transaktion".

Beispiel 4.10

Zahnarzt A und Zahnarzt B betreiben zusammen eine Berufsausübungsgemeinschaft. Der Vertrag lässt die Möglichkeit der Kündigung dergestalt zu, dass
Zahnarzt A dem Zahnarzt B auch gegen seinen Willen so kündigen kann, dass
Zahnarzt B die Praxis verlassen muss und Zahnarzt A den Praxisbetrieb in
den angestammten Räumen fortführen kann. Dies tut er auch. Der Praxiswert
soll ermittelt werden, Zahnarzt A muss Zahnarzt B die Hälfte des Praxiswertes
auszahlen.

Der Gutachter bewertet die Praxis jetzt so, dass der Praxiswert dem Entscheidungswert von Zahnarzt B entspricht. Der Entscheidungswert entspricht hier
dem Wert, den Zahnarzt B für den Kauf der Praxis maximal zu zahlen bereit
wäre.

Anmerkung: Um einen direkten Vergleich zu ermöglichen, wird hier das
Beispiel 4.2 ohne Veränderung in der Zeitreihenanalyse übernommen, obwohl
die Zahlen für eine Berufsausübungsgemeinschaft zu klein sind. Es soll aber in
erster Linie der Beschreibung des Vorgehens in dominierten Konfliktsituationen
dienen. Im Vergleich wurde mit dem modifizierten Ertragswertverfahren, das
auch jetzt angewendet werden soll, der objektivierte Wert zu 158.000 € ermittelt.

Die Praxis hatte in den vergangenen Jahren einen relativ stabilen Umsatz
von 405.000 €. 5.000 € davon wurden regelmäßig durch Gutachten und Vorträge, die die Praxisinhaber geleistet haben, erzielt. Dieser Umsatz entspricht
dem durchschnittlichen Jahresumsatz der letzten drei bis fünf Kalenderjahre.
Der Gutachter stellt fest, dass der Umsatz um die individuell personengebundenen Leistungen bereinigt werden muss. Er kommt zu dem Ergebnis, dass der
übertragbare Umsatz 400.000 € beträgt.

Nun schaut sich der Gutachter an, inwieweit sich einzelne Positionen des
Umsatzes entwickelt haben, zum Beispiel der Privatumsatz und die Anzahl
der Behandlungsfälle. Außerdem wird ein Branchenvergleich vorgenommen

und geprüft, ob die Entwicklung der Praxis von der allgemeinen Entwicklung abweicht. Dabei stellt der Gutachter fest, dass die Entwicklung der Vergleichspraxen tendenziell besser ist als bei der Praxis des Auftraggebers. Er analysiert die wertbeeinflussenden Faktoren und kommt zu dem Ergebnis, dass bis auf eine verhältnismäßig hohe Zunahme der Arztdichte keine Auffälligkeiten festzustellen sind. Er geht aber davon aus, dass sich die Umsätze wegen der zunehmenden Arztdichte in den nächsten 3 Jahren nominell nicht so stark erhöhen werden wie die durchschnittlichen Umsätze. Diese betragen laut KZBV-Jahrbuch im Mittel der vergangenen Jahre 3,9 %. Der Gutachter setzt ein reduziertes Wachstum von 2 % an. Auf einen Wert von 3 Jahren legt er auch den Ergebnishorizont bzw. den Prognosezeitraum fest. Er begründet das damit, dass nach allgemeiner Auffassung der Einfluss des bisherigen Praxisinhabers auf den Erfolg innerhalb der ersten fünf Jahre sukzessive aufgebraucht wird und dass zur Berechnung des anzusetzenden Wertes dann der Mittelwert von drei Jahren anzusetzen sei.

Anmerkung: Gemäß Abschn. 4.8 sollte der Ergebnishorizont wegen der Bewertung einer Berufsausübungsgemeinschaft mit 3,5 bis 4 Jahren größer sein als hier 3 Jahre. Darauf wird hier verzichtet, um den Vergleich mit dem objektivierten Praxiswert aus Beispiel 4.2 zu ermöglichen. Tatsächlich erhöht sich dieser bei Berufsausübungsgemeinschaften noch weiter.

Die durchschnittlichen Kosten betragen 250.000 €, wovon 20.000 € für außergewöhnliche Kosten anfallen. Diese werden vom Gutachter von den durchschnittlichen Kosten subtrahiert. Die übertragbaren Kosten (1) betragen somit 230.000 €. Nun vergleicht der Gutachter die Kostenstruktur mit anderen Branchendaten. Er kommt zu dem Ergebnis, dass die Personalkosten anteilig sehr hoch sind und geht davon aus, dass die Praxis nach dem altersbedingten Ausscheiden einer Helferin, die in Teilzeit arbeitet, in unveränderter Weise fortgeführt werden kann, und reduziert die Personalkosten um 10.000 €. Außerdem ist aus Sicht von Zahnarzt B die Beschäftigung einer Helferin ausschließlich in der Anmeldung der Praxisstruktur nicht angemessen und bewertet dies mit weiteren einsparbaren Kosten in Höhe von 10.000 €. Ansonsten kann der Gutachter keine Auffälligkeiten feststellen. Die übertragbaren Kosten betragen somit 210.000 €.

Hinsichtlich der sich zukünftig verändernden Kosten geht der Gutachter von einer jährlichen Steigerung von insgesamt 2 % aus.

Bei einer genauen Analyse des Praxisinventars stellt der Gutachter fest, dass zur Fortführung des Betriebes in der gegenwärtigen Form zusätzliche Investitionen erforderlich sind, die zusätzliche Abschreibungen in Höhe von 5.000 € sowie 1.500 € Zinsen im Jahr betragen. Zahnarzt B begründet dies damit, dass die Praxis zum Weiterarbeiten im Hinblick auf den angenommenen Erfolg keine weiteren Investitionen tätigen müsse: „Mehr wäre Luxus". Außerdem hält er Marketingausgaben für überflüssig, weil sich gerade in letzter Zeit das Empfehlungsmarketing erfolgreich entwickelt hätte.

Schließlich setzt der Gutachter noch einen kalkulatorischen Unternehmerlohn an, den er bei einer Praxis in dieser Umsatzgröße mit 90.000 € beziffert.

Nun berechnet der Gutachter den Wert der Praxis auf den Bewertungsstichtag und wertet die oben ermittelten Werte ab (abzinsen, diskontieren). Dazu nimmt er einen Zinsbasiswert für Umlaufrenditen, der am Tag der Ermittlung 1,2 % beträgt, und versieht ihn mit einem Risikoaufschlag von 25 %. Der Zinsansatz hinsichtlich der Diskontierung beträgt demnach 1,50 %. Mit der Formel

$$d_n = \frac{1}{(1+i)^n}$$

mit d_n = Diskontierungsfaktor
i = Zinssatz, hier 1,5%
n = jeweilige Laufzeit, hier 1-3 Jahre

ergibt sich der Faktor für das erste Jahr zu 0,985, für das zweite Jahr zu 0,971 und für das dritte Jahr 0,956.

Berechnung zur Ermittlung des Praxiswertes als Entscheidungswert für Zahnarzt B mit der modifizierten Ertragswertmethode (in Euro):

durchschnittlicher Umsatz	= 405.000
./. individuell erbrachter Umsätze	./. 5.000
= übertragbarer Umsatz	= 400.000

	Stand	Jahr 1	Jahr 2	Jahr 3
(prognostizierte) bereinigte Umsätze, 2% Steigerung	400.000	408.000	416.000	425.000
(prognostizierte) Kosten	230.000			
Korrektur Personalkosten ./. 20.000	210.000			
zusätzlich zu erwartende Kosten für AfA und Zinsen		6.500	6.500	6.500
zusätzlich zu erwartende Kosten für Marketing		-	-	-
allg. Kostensteigerung 2% auf den Stand		214.000	218.000	223.000
Summe der prognostizierten Kosten		221.000	225.000	230.000
prognostizierter Gewinn (Umsatz − Kosten)		187.000	191.000	195.000
abzgl. Unternehmerlohn, Steigerung 2%	90.000	91.800	93.600	95.500
bewertungsrelevanter Gewinn		95.200	97.400	99.500
Diskontierungsfaktor f mit i=1,5%		0,985	0,971	0,956
Praxiswerte		93.800	94.600	95.100
ideeller Praxiswert				**284.000**

Im Endergebnis stellt der Gutachter also einen ideellen Praxiswert in Höhe von 284.000 € fest. Schließlich ermittelt der Gutachter noch den materiellen Praxiswert, den er zum ideellen Wert addiert und somit den Gesamtwert erhält. Die Berechnung des materiellen Wertes wird in Abschn. 5 erläutert.

In diesem Beispiel 4.10 wird deutlich, dass der **Entscheidungswert** von Zahnarzt B mit 284.000 € sehr viel höher ist als der objektivierte Wert einer vergleichbaren Praxis mit 158.000 €. Wenn ihm Zahnarzt A 284.000 € bzw. den hälftigen Anteil davon (142.000 €) bezahlen würde, wäre er nicht schlechter gestellt als beim Unterlassen der **Transaktion**, also der Nichtauflösung der Gemeinschaft. Der Schiedswert beträgt in diesem Fall 142.000 €, die Zahnarzt A an Zahnarzt B zahlen muss.

Anders ist es, wenn B seinem Kollegen A kündigt und ausbezahlt werden möchte, und die vertraglichen Regelungen dies in dominierender Weise ermöglichen. Dann darf A nicht schlechter gestellt werden als beim Unterlassen der Transaktion, also bei Fortführung der Praxis aus seiner Sicht.

Beispiel 4.11

Zahnarzt A und Zahnarzt B betreiben zusammen eine Berufsausübungsgemeinschaft. Der Vertrag lässt die Möglichkeit der Kündigung dergestalt zu, dass Zahnarzt B dem Zahnarzt A auch gegen dessen Willen so kündigen kann, dass Zahnarzt B die Praxis verlassen wird und Zahnarzt A den Praxisbetrieb in den angestammten Räumen fortführen muss. Dies tut er auch. Der Praxiswert soll ermittelt werden, Zahnarzt A muss Zahnarzt B die Hälfte des Praxiswertes auszahlen.

Der Gutachter bewertet die Praxis jetzt so, dass der Praxiswert dem Entscheidungswert von Zahnarzt A entspricht. Der Entscheidungswert entspricht hier dem Wert, den Zahnarzt A für den Kauf der Praxis maximal zu zahlen bereit wäre.

Anmerkung: Um einen direkten Vergleich zu ermöglichen, wird hier das Beispiel 4.2 bzw. 4.10 ohne Veränderung in der Zeitreihenanalyse übernommen, obwohl die Zahlen für eine Berufsausübungsgemeinschaft zu klein sind. Es soll aber in erster Linie der Beschreibung des Vorgehens in dominierten Konfliktsituationen dienen. Im Vergleich wurde mit dem modifizierten Ertragswertverfahren, das auch jetzt angewendet werden soll, der objektivierte Wert zu 158.000 € und der Entscheidungswert von Zahnarzt B zu 284.000 € ermittelt.

Der Gutachter kommt wie in den o. g. Gutachten zu dem Ergebnis, dass der übertragbare Umsatz 400.000 € beträgt. Nun schaut sich der Gutachter an, inwieweit sich einzelne Positionen des Umsatzes entwickelt haben, zum Beispiel der Privatumsatz und die Anzahl der Behandlungsfälle. Außerdem wird ein Branchenvergleich vorgenommen und geprüft, ob die Entwicklung der Praxis von der allgemeinen Entwicklung abweicht. Dabei stellt der Gutachter fest, dass die Entwicklung der Vergleichspraxen tendenziell besser ist als bei der Praxis des Auftraggebers. Er analysiert die wertbeeinflussenden Faktoren und kommt zu dem Ergebnis, dass bis auf eine verhältnismäßig hohe Zunahme der Arztdichte keine Auffälligkeiten festzustellen sind. Er geht aber davon aus, dass sich die Umsätze wegen der zunehmenden Arztdichte in den nächsten 3 Jahren nominell nicht erhöhen werden. Auf einen Wert von 3 Jahren legt er auch den Ergebnishorizont bzw. den Prognosezeitraum fest.

Die durchschnittlichen Kosten betragen 250.000 €, wovon 20.000 € für außergewöhnliche Kosten anfallen. Diese werden vom Gutachter von den durchschnittlichen Kosten subtrahiert. Die übertragbaren Kosten (1) betragen somit 230.000 €. Nun vergleicht der Gutachter die Kostenstruktur mit anderen Branchendaten. Er kommt zu dem Ergebnis, dass die Personalkosten anteilig sehr hoch sind und nimmt zunächst an, dass die Praxis nach dem altersbedingten Ausscheiden einer Helferin, die in Teilzeit arbeitet, in unveränderter Weise fortgeführt werden könnte. Allerdings kann Zahnarzt A aus dessen Sicht nur erfolgreich im Hinblick auf die Erreichung des Umsatzes arbeiten, wenn hinreichend Personal da ist und die Stelle wiederbesetzt wird. Dies entspricht seiner individuellen Arbeitsweise. Wenn es nicht zur Trennung käme, müsste die Stelle auch wiederbesetzt werden. Ansonsten kann der Gutachter keine Auffälligkeiten feststellen. Die übertragbaren Kosten betragen somit 220.000 €.

Hinsichtlich der sich zukünftig verändernden Kosten geht der Gutachter von einer jährlichen Steigerung von insgesamt 2 % aus.

Bei einer genauen Analyse des Praxisinventars stellt der Gutachter fest, dass zur Fortführung des Betriebes in der gegenwärtigen Form zusätzliche Investitionen erforderlich sind, die zusätzliche Abschreibungen in Höhe von 10.000 € sowie 3.000 € Zinsen im Jahr betragen. Zahnarzt A begründet dies damit, dass die Praxis zum Weiterarbeiten im Hinblick auf den angenommenen Erfolg mindestens genau diese Investitionen tätigen muss. Der Gutachter bestätigt dies. Außerdem hält er Marketingausgaben nach neuestens Erkenntnissen aufgrund der Wettbewerbssituation in Höhe von 5 % des Umsatzes, also in Höhe von 20.000 € für unbedingt notwendig. Der Gutachter bestätigt dies.

Schließlich setzt der Gutachter noch einen kalkulatorischen Unternehmerlohn an, den er bei einer Praxis in dieser Umsatzgröße mit 90.000 € beziffert.

Nun berechnet der Gutachter den Wert der Praxis auf den Bewertungsstichtag und wertet die oben ermittelten Werte für das erste Jahr zu 0,985, für das zweite Jahr zu 0,971 und für das dritte Jahr zu 0,956 ab.

Berechnung zur Ermittlung des Praxiswertes als Entscheidungswert für Zahnarzt Amit der modifizierten Ertragswertmethode (in Euro):

durchschnittlicher Umsatz	= 405.000
./. individuell erbrachter Umsätze	./. 5.000
= übertragbarer Umsatz	= 400.000

	Stand	Jahr 1	Jahr 2	Jahr 3
(prognostizierte) bereinigte Umsätze, 2% Steigerung	400.000	400.000	400.000	400.000
(prognostizierte) Kosten	230.000			
Korrektur Personalkosten ./. 10.000	220.000			
zusätzlich zu erwartende Kosten für AfA und Zinsen		13.000	13.000	13.000
zusätzlich zu erwartende Kosten für Marketing		20.000	20.000	20.000
allg. Kostensteigerung 2% auf den Stand		224.000	229.000	233.000
Summe der prognostizierten Kosten		257.000	262.000	266.000
prognostizierter Gewinn (Umsatz − Kosten)		143.000	138.000	134.000
abzgl. Unternehmerlohn, Steigerung 2%	90.000	91.800	93.600	95.500
bewertungsrelevanter Gewinn		51.200	44.400	38.500
Diskontierungsfaktor f mit i=1,5%		0,985	0,971	0,956
Praxiswerte		50.400	43.100	36.800
ideeller Praxiswert				130.000

Im Endergebnis stellt der Gutachter also einen ideellen Praxiswert in Höhe von 130.000 € fest. Schließlich ermittelt der Gutachter noch den materiellen Praxiswert, den er zum ideellen Wert addiert und somit den Gesamtwert erhält. Die Berechnung des materiellen Wertes wird in Abschn. 5 erläutert.

Der Entscheidungswert für Zahnarzt A liegt in diesem Fall mit 130.000 € deutlich sowohl unterhalb des objektivierten Wertes (158.000 €) als auch unterhalb des Entscheidungswertes von Zahnarzt B (284.000 €). Wenn er Zahnarzt B 130.000 € bzw. den hälftigen Anteil davon (65.000 €) bezahlen würde, wäre er nicht schlechter gestellt als beim Unterlassen der Transaktion, also der Nichtauflösung der Gemeinschaft. Der Schiedswert beträgt in diesem Fall 65.000 €, die Zahnarzt A an Zahnarzt B zahlen muss.

In der Praxis ist es so, dass in der Regel der objektivierte Wert zur Bestimmung dessen herangezogen wird, was beim Unterlassen der Transaktion eingetreten wäre. Dabei darf aber nie der Grundsatz aus den Augen gelassen werden, dass es den

Wert an sich nicht gibt, sondern dass der Wert stets von individueller Sichtweise geprägt wird. Das ist auch beim objektivierten Praxiswert so. Der Gutachter muss also grundsätzlich die dominierte Partei identifizieren und den objektivierten Wert so ermitteln, dass die dominierte Partei nicht schlechter gestellt wird, als wenn die erzwungene Transaktion unterbliebe. Damit hat der Gutachter in variablen, individuell geprägten Aspekten die Brille der dominierten Partei auf. Wenn beispielsweise die dominierte Partei zwei Mitarbeiter am Stuhl benötigt, die konkurrierende Partei aber meint, mit lediglich einem auskommen zu müssen, ist bei der Ermittlung des Praxiswertes keinesfalls der Mittelwert, hier 1,5 Mitarbeiter, zur Bestimmung der Kosten einzusetzen, sondern eben zwei.

▶ Die größten Schwierigkeiten für den Gutachter bestehen in der Iden-
    tifizierung der dominierten Konfliktpartei sowie in den Erklärungen,
    dass es den Wert an sich nicht gibt und dass der Gutachter trotz ver-
    langter Objektivität individuelle Gesichtspunkte berücksichtigen muss.
    Mindestens einer Partei gefällt das nicht.

Eine weitere Konstellation liegt regelmäßig auch bei Ehescheidungen vor, wenn der nicht-zahnärztliche Ehepartner C sich vom zahnärztlichen Ehepartner A trennen will. Auch hier wird A dominiert. Bei der Transaktion (Trennung) darf A grundsätzlich nicht schlechter gestellt werden als bei der Unterlassung der Transaktion. Das Unterlassen der Transaktion ist die Fortführung der Praxis in gewohnter Weise.
Zur Mühlen et al. (2010, S. 13) führen zum Thema Ehescheidungen aus, dass bei Nichtvorliegen eines Ehevertrages die Praxis so bewertet werden muss, wie sie „steht und liegt". Es wird also genau auf den Bewertungsstichtag hin bewertet, zukünftige Veränderungen bleiben unberücksichtigt.

Beispiel 4.12

Berechnung zur Ermittlung des Praxiswertes wie sie „steht und liegt" mit der modifizierten Ertragswertmethode (in Euro):

durchschnittlicher Umsatz	= 405.000
./. individuell erbrachter Umsätze	./. 5.000
= übertragbarer Umsatz	= 400.000

	Stand	Jahr 1	Jahr 2	Jahr 3
(prognostizierte) bereinigte Umsätze, 2% Steigerung	400.000	400.000	400.000	400.000
(prognostizierte) Kosten	230.000			
allg. Kostensteigerung 2% auf den Stand		235.000	239.000	244.000
Summe der prognostizierten Kosten		235.000	239.000	244.000
prognostizierter Gewinn (Umsatz − Kosten)		165.000	161.000	156.000
abzgl. Unternehmerlohn, Steigerung 2%	90.000	91.800	93.600	95.500
bewertungsrelevanter Gewinn		73.200	67.400	60.500
Diskontierungsfaktor f mit i=1,5%		0,985	0,971	0,956
Praxiswerte		72.100	65.400	57.800
ideeller Praxiswert				**195.000**

Im Endergebnis stellt der Gutachter also einen ideellen Praxiswert in Höhe von 195.000 € fest. Schließlich ermittelt der Gutachter noch den materiellen Praxiswert, den er zum ideellen Wert addiert und somit den Gesamtwert erhält. Die Berechnung des materiellen Wertes wird in Abschn. 5 erläutert.

Der ermittelte ideelle Wert zur Bestimmung des Praxiswertes so, wie sie „steht und liegt", beträgt in diesem Beispiel 195.000 € und liegt somit oberhalb des objektivierten Wertes (158.000 €) und unterhalb des Entscheidungswertes von Zahnarzt B (284.000 €). Für den Fall der Anwendung der Nettomethode (vgl. Abschn. 3.5) im Hinblick auf den Zugewinnausgleich ist keine typisierte, sondern eine individuelle Berechnung der latenten Ertragssteuerbelastung durchzuführen(VSA 2012).

4.8 Besondere Aspekte spezieller Arztpraxen

Die **Ärztekammermethode** und auch das **modifizierte Ertragswertverfahren** sind speziell auf die Bewertung der „klassischen" Arzt- und Zahnarztpraxis ausgelegt. Eine Besonderheit liegt in der historisch bedingten verhältnismäßig geringen Größe dieser Einheiten. Bis 2007 durfte ein niedergelassener Arzt- oder Zahnarzt keine Ärzte anstellen (bis auf wenige Ausnahmen) und auch keine Zweigniederlassungen gründen. Der Anteil der **Berufsausübungsgemeinschaften** (BAG) war gering und ist in den letzten 30 Jahren stetig größer geworden. Allerdings beträgt der Anteil der BAG zum Beispiel bei Zahnärzten zurzeit noch weniger als 20 %.

Der größte Teil aller Arzt- und Zahnarztpraxen akquiriert seine Patienten selbst. Bei den übrigen handelt es sich um **Überweiserpraxen**. Bei den Arztpraxen sind die Patienten akquirierenden Praxen die überwiegend in der hausärztlichen Versorgung tätigen Ärzte für Allgemeinmedizin und Internisten. Von den insgesamt ca. 122.000 niedergelassenen Ärzten sind ca. 57.000 Hausärzte. Von den ca. 45.000 Zahnarztpraxen ist die überwiegende Zahl selbst Patienten akquirierend, es gibt nur wenige Praxen, die als überwiegend zuweiserorientiert eingestuft werden können, wie zum Beispiel Fachzahnärzte für Kieferorthopädie (ca. 4.500), Oralchirurgie oder Mund-, Kiefer- und Gesichtschirurgen (Arzt und Zahnarzt, ca. 1.000) sowie einige stark spezialisierte Zahnärzte. In diesem Sinne sind **Zuweiser akquirierende** (ZAP) und **Patienten akquirierende Praxen** (PAP) zu unterscheiden, wobei es auch Mischformen gibt.

Ein weiteres Unterscheidungsmerkmal ist die **Größe** der Praxis. Mittlerweile bilden sich allein in der Zahnmedizin Komplexe mit mehreren Standorten und dort tätigen Zahnärzten im höheren zweistelligen Bereich aus. Außerdem gibt es Investitions- und Franchisemodelle. In der Medizin sind hier insbesondere die **Medizinischen Versorgungszentren** zu nennen.

Grundsätzlich sind alle Ausführungen in diesem Buch zu den Bewertungsmethoden auf alle Praxen übertragbar, solange die Personengebundenheit zu den Patienten bzw. zu den Zuweisern den Erfolg dominiert. Der Gutachter muss sich die Frage stellen, ob die Patienten überwiegend wegen der Person des Arztes bzw. der Ärzte in die Praxis kommen, oder ob die Institution maßgeblich ist. Gleiches gilt für die Zuweiser: werden die Patienten von der überwiegenden Zahl der Zuweiser zum Beispiel in ein Kopfzentrum überwiesen, obwohl sie die ärztlichen Inhaber überwiegend gar nicht kennen? Dann würde die Institution im Vordergrund stehen.

Je weiter die Personen des Inhabers bzw. der Inhaber gegenüber der Wirkung der Institution in den Hintergrund rückt, desto länger ist zunächst der **Prognosezeitraum**, der in diesem Buch mit dem Ausgangswert von 3,5 Jahren angegeben wurde, anzusetzen. Als Beispiel soll ein radiologisches Zentrum dienen, dessen Inhaber und Gründer zwar der überwiegenden Zahl der zuweisenden Ärzte persönlich bekannt ist, nachfolgende Mitinhaber aber bereits weniger im Kollegenkreis präsent sind. Diese Entwicklung zu einem Zentrum, dessen Wirkung auf die Zuweiser immer mehr durch die Institution geprägt wird, schadet dem wirtschaftlichen Erfolg des Zentrums nicht. Unter diesen Bedingungen kann der Ergebniszeitraum auf 5–8 Jahre erweitert werden. Spätestens aber, wenn der Gutachter erwägt, den Zeitraum wegen der dominierenden Wirkung der Institution auf den Extremwert von 8 Jahren auszudehnen, sollte er sich gleichzeitig die Frage stellen, ob das modifizierte Ertragswertverfahren noch geeignet ist. Denn sobald die Personengebundenheit

Tab. 4.9 Empfohlene Prognosezeiträume für Patienten akquirierende Praxen (PAP)	Inhaber oder langjährig angestellte Ärzte	Prognosezeitraum (Jahre)
	2–3	4
	4–6	4,5
	> 7	5

nicht mehr vorhanden ist, sollte ein Ertragswertverfahren nach IDW zum Ansatz kommen, das inhaltlich in diesem Buch nicht besprochen werden soll.

Der entscheidende Punkt beim modifizierten und auch beim vereinfachten modifizierten Ertragswertverfahren ist der Prognosezeitraum, und dieser wird durch die **Personengebundenheit** geprägt. Schon bei einer BAG muss der Prognosezeitraum verlängert werden (zum Beispiel im Hinblick auf den Einstieg eines neuen Partners in eine PAP), weil ja die stabilisierende Wirkung des etablierten Partners noch vorhanden ist. Schon die Hinweise der Bundesärztekammer sehen hier pauschal die Verlängerung (von 2 auf 2,5 Jahre) vor. Je größer die Einheit, desto länger der Prognosezeitraum. Auf der anderen Seite baut sich der in diesem Beispiel neue Partner mit der Zeit auch seinen eigenen Patientenstamm auf. Deshalb sollte der Zeitraum im Regelfall nach oben auf 5 Jahre begrenzt sein (gemäß den Ergebnissen des IDZ, vgl. Abschn. 4.6.1). In Tab. 4.9 wird ein Vorschlag zur Orientierung unterbreitet.

Bei ZAP ist die Bindung der Zuweiser im Allgemeinen nicht so groß wie die der Patienten bei PAP, zumal der Zuweiser ja gar nicht eine bestimmte Praxis empfehlen darf. Es kommt bei einer nicht entsprechend „vermarkteten" Übergabe häufig vor, dass etablierte Zuweiser gerade bei einem Inhaberwechsel die Zuweiserpraxis wechseln. Dann muss der Prognosezeitraum teilweise deutlich auf bis zu 2 Jahre gesenkt werden. In diesem Fall liegt für den Gutachter eine der anspruchsvollsten Aufgaben vor. Hier ist neben dem bewertungstheoretischen Sachverstand vor allem sehr viel Erfahrung in der Branche erforderlich, denn die Prognose zum Verhalten von Zuweisern ist extrem schwierig.

Ein weiteres Merkmal ist die **Wettbewerbssituation**. Gibt es von der betroffenen (Fach-)Arztpraxis jetzt und in nächster Zeit nur eine in erreichbarer Nähe? Sind die Zuweiser und/oder die Patienten auf diese Praxis angewiesen, weil es gar keine Alternative gibt? Dann muss der Prognosezeitraum heraufgesetzt werden, aber auf maximal 8 Jahre (s. o.). Oder herrscht extremer Wettbewerb unter den (Fach-) Ärzten? Dann sollte der Zeitraum herabgesetzt werden, aber auf minimal 2 Jahre (s. o.).

Schließlich muss noch darauf hingewiesen werden, dass es viele Mischformen zwischen PAP und ZAP gibt. Hier muss der Gutachter unter den oben dargestellten Zusammenhängen selbst einen angemessenen Prognosezeitraum ermitteln.

4.9   Praktisches Vorgehen

In Abschn. 4 wurden die einschlägigen Verfahren und die Vorgehensweisen zur Ermittlung des immateriellen Praxiswertes vorgestellt.

Für die Bewertungspraxis ist es relevant, dass die Dauer der Goodwill-Reichweite eine maßgebliche Bedeutung für die Höhe des Praxiswertes hat. Aus diesem Grund wird empfohlen, grundsätzlich die in Abschn. 3.4 vorgestellte **Multiplikatorme-thode** bei der Anwendung des modifizierten Ertragswertverfahrens in Verbindung mit der **Nettomethode** zur Ermittlung des Praxiswertes heranzuziehen, weil auf diese Weise der Einfluss der Goodwill-Reichweite in angemessener Weise gewür-digt werden kann. Insbesondere kann im Rahmen von Sensitivitätsanalysen (vgl. Abschn. 6.1) untersucht werden, inwieweit sich das Ergebnis bei Variation dieser so wichtigen Einflussgröße auswirkt.

Literatur

Bergmann-Krauss B, Boehme P (2005) Qualitätsmanagement-Systeme für die Zahnarztpra-xis, IDZ-Information 5/05, Köln 2005

Bundesärztekammer, Kassenärztliche Bundesvereinigung (2008, 22. Dez.) Hinweise zur Bewertung von Arztpraxen. Deutsches Ärzteblatt 105(51–52)

Friebe M, Beusker B (2012) Zur Kritik am modifizierten Ertragswertverfahren für die Bewer-tung von Arztpraxen, PFB Wirtschaftsberatung. http://www.iww.de. Zugegriffen: März 2013

Frodl A (1995) Praxisorganisation. Thieme, Stuttgart

Herder-Dorneich P (1980) Gesundheitsökonomik. Systemsteuerung und Ordnungspolitik im Gesundheitswesen. Enke, Stuttgart

IDW (2008, 2. April) IDW Standard: Grundsätze zur Durchführung von Unternehmensbe-wertungen (IDW S 1 i.d.F. 2008)

Klapp E (1997) Abgabe und Übernahme einer Arztpraxis. Springer, Berlin

Klingenberger D, Becker W (2007) Ökonomische Analyse der Ausgangsbedingungen, Ver-laufsmuster und Erfolgsfaktoren von zahnärztlichen Existenzgründungen – Ergebnisse der zweiten Befragungswelle (AVE-Z-2). IDZ-Information 2/07, Köln

Klingenberger D, Becker D (2008) Ökonomische Analyse der Ausgangsbedingungen, Verlaufsmuster und Erfolgsfaktoren von zahnärztlichen Existenzgründungen (3. Befragungswelle). IDZ Information, Köln

Klingenberger D, Sander T (2014) Stellenwert des Sozialkapitals in Praxisbewertungsverfahren – Eine kritische Reflexion theoretischer Ansätze anhand empirischer Fallrekonstruktionen. IDZ Information, Köln

Klingenberger D, Schwarte A (2012) Investitionen bei der zahnärztlichen Existenzgründung 2011 (InvestMonitor Zahnarztpraxis). IDZ Information, Köln

KZBV (2012) KZBV Jahrbuch 2011. Statistische Basisdaten zur vertragszahnärztlichen Versorgung, Köln

Matschke MJ, Brösel G (2013) Unternehmensbewertung, 4. Aufl. Springer, Wiesbaden

Meyer VP, Jatzwauk L (2010) Hygienemanagement in Zahnarztpraxen – Ergebnisse einer bundesweiten Online-Befragung in Deutschland. IDZ-Information 2/10, Köln

Preisendörfer P (2007) Sozialkapital und unternehmerisches Handeln. In: Franzen A, Freitag M (Hrsg) Sozialkapital. Grundlagen und Anwendungen. Kölner Zeitschrift für Soziologie und Sozialpsychologie, Sonderheft 47/2007, VS Verlag für Sozialwissenschaften, Wiesbaden, S. 272–293

Sander T, Müller MC (2011) Meine Zahnarztpraxis – Marketing. Springer, Heidelberg

Sander T, Müller MC (2012) Meine Zahnarztpraxis – Ökonomie. Springer, Heidelberg

Schmid-Domin HG (2013) Bewertung von Artzpraxen und Kaufpreisfindung. Methoden-Beispiele- Rechtsgrundlagen. Erich Schmidt, Berlin

VSA (2012) Modifiziertes Ertragswertverfahren bei der Bewertung von Arzt- und Zahnarztpraxen: gemeinsame Stellungnahme zu bewertungsrelevanten Fragen, Vereinigung der öffentlich bestellten und vereidigten Sachverständigen für die Bewertung von Arzt- und Zahnarztpraxen (VSA), 26.03.2012. http://www.praxisbewertung-wertgutachten.de. Zugegriffen: 05. Marz. 2013

Wurpts B (2011) Soziale Netzwerke und soziales Kapital bei der Zahnarztsuche, IDZ-Information 3/11, Köln

Zur Mühlen D, Witte A, Rohner M, Boos F (2010) Praxisbewertung. Deutscher Ärzte-Verlag, Köln

Zur Ermittlung des materiellen Praxiswertes

5

5.1 Grundlagen

Nach gängiger Auffassung setzt sich der Wert einer Praxis unter der Annahme der Fortführung dieser Praxis aus dem „Substanzwert" (materieller Praxiswert) und dem „ideellen Wert" (immaterieller Praxiswert) zusammen. Die Summierung der beiden Werte ergibt den **Praxiswert**. Im Folgenden soll es um den „Substanzwert" gehen.

Zur Mühlen et al. (2010) beschreiben den Substanzwert in ihrem bei Beck verlegten Standardwerk „Praxisbewertung" (Copyright beim Deutschen Ärzte-Verlag) als den Wert, der entsprechend der herrschenden Meinung aus der Berechnung der Fortschreibung des Vermögens unter Berücksichtigung der Verteuerungsraten, des Gebrauchs- wie Marktwertes zum Stichtag hervorgeht. Da es sich aber bei den bewerteten Gegenständen überwiegend um gebrauchte Wirtschaftsgüter handelt, bedeute dieser Grundsatz der Bewertung zu **Tagespreisen** (zu **Wiederbeschaffungskosten**), dass der zwischen dem Anschaffungszeitpunkt und dem Tag der Bewertung eingetretene **Verschleiß** zu berücksichtigen und insofern der Zeitwert zu bestimmen sei. Es wird also die **Substanz** vergangenheitsbezogen (Verschleiß) bewertet. In der Praxis wird dies (von Bewertern) überwiegend ebenso gesehen.

Zur Mühlen et al. definieren neben anderen Wertbegriffen den Zeitwert als „Wert eines Gerätes oder einer Anlage unter Berücksichtigung ihres Alters und ihres Betriebszustandes, insbesondere der Abnutzung und Instandhaltung, der Verwendung und Nutzung sowie der durchschnittlichen technischen und wirtschaftlichen Nutzungs- und Lebensdauer (eher objektivierter Wert)."

Um den Zeitwert zu bestimmen, wird hier zunächst der **Anschaffungswert** eines vorhandenen materiellen Vermögensgutes ermittelt und mit **Preisindizes** auf den **Bewertungsstichtag** umgerechnet. Anschließend wird unter Berücksichtigung der technischen Nutzungs- und Lebensdauer sowie eines „**Mindestbetriebswertes**"

T. Sander, *Grundlagen der Praxiswertermittlung*,
DOI 10.1007/978-3-642-55324-0_5, © Springer-Verlag Berlin Heidelberg 2014

unter Zugrundelegung der **arithmetisch degressiven Abschreibung** der **Zeitwertfaktor** gebildet. Abschließend wird noch eine zustandsabhängige **Wertkorrektur**
vorgenommen.

Für dieses Verfahren nennen Zur Mühlen et al. keine Quelle im Text, wohl
aber sind im Literaturverzeichnis die „Leitsätze für die Bewertung von Maschinen" (IfS 1999) aufgeführt. Dieses Werk scheint die Quelle der Ausführungen
von Zur Mühlen et al. zu sein. Hier wird der Zeitwert wie oben definiert, und zur
Bestimmung des Zeitwertfaktors auf verschiedene Methoden (lineare, geometrisch-
degressive, arithmetisch-degressive) verwiesen. Anschließend erfolgt der Hinweis:
„Die **arithmetisch-degressive Methode** wird dem tatsächlichen Wertverlust am
besten gerecht und ist daher für **Maschinenbewertungen** vorzuziehen." Eine Quelle oder wissenschaftliche Begründung wird hierfür nicht angeführt. Eine Definition
des „tatsächlichen Wertverlustes" wird ebenfalls nicht vorgenommen.

In „Einführung in die Allgemeine Betriebswirtschaftslehre" (Wöhe 2013) wird
der Begriff „Zeitwert" nicht näher definiert. Wikipedia (2014) definiert im Zusammenhang mit der Bilanzierung: „Der Zeitwert eines Wirtschaftsgutes (einer *Anlage*
bzw. des steuerlichen *Betriebsvermögens*) ist der um die Summe der bisherigen
planmäßigen Abschreibungen verminderte Anschaffungswert. Da das abnutzba-
re Anlagevermögen (zum Beispiel Gebäude und Maschinen) im Laufe der Zeit
an Wert verliert, wird für die Buchhaltung und Kostenrechnung jährlich ein bestimmter Geldbetrag (AfA) abgeschrieben (abgesetzt)." Es handelt sich bei dieser
Definition also um den **Buchwert**. Und im Hinblick auf das **Versicherungswesen**: „Im Versicherungswesen ist der Begriff Zeitwert ebenfalls gebräuchlich,
hier versteht man darunter den Neuwert einer Sache abzüglich eines Geldbetra-
ges für Alter, Gebrauch und Abnutzung." Weiterhin: „Der Begriff „Zeitwert" ist
im Zusammenhang mit der Wertermittlung eines Kfz ein übergeordneter Begriff
und sagt nichts darüber aus, ob der Verkaufswert oder der Wiederbeschaffungswert gemeint ist; er sollte daher besser vermieden werden. Die Rechtsprechung
verwendet ihn meist im Sinne des **Wiederbeschaffungswertes**. Unterschiedliche
Fragestellungen nach dem **Verkehrswert** (Kfz) eines Kraftfahrzeugs bedingen unterschiedliche Wertdefinitionen." Die Quellenangaben beziehen sich ausschließlich
auf die Kfz-Wertermittlung.

Allgemein wird der Zeitwert definiert als der Wert, der unter handelsrechtli-
chen Gesichtspunkten aktuell beim Verkauf von Vermögensgegenständen erreicht
werden würde. Handelsrechtlich hebt der Zeitwert also auf den Marktwert ab:
„Der beizulegende Zeitwert entspricht dem **Marktpreis**. Soweit kein aktiver Markt
besteht, anhand dessen sich der Marktpreis ermitteln lässt, ist der beizulegende
Zeitwert mit Hilfe allgemein anerkannter Bewertungsmethoden zu bestimmen"
(HGB § 255). Weitergehende Hinweise zu Bewertungsmethoden erfolgen nicht.

Auch die „Bewertung immaterieller Vermögenswerte" von Moser (2011) und die „Unternehmensbewertung" von Matschke und Brösel (2013) definieren den Zeitwert nicht. In älteren Standardwerken wie zum Beispiel die „Allgemeine Betriebswirtschaftslehre" von Diederich (1989) wird der Begriff **Zeitwert** ebenfalls nicht erwähnt. In der Allgemeinen BWL bzw. in der einschlägigen Bewertungsliteratur findet sich der Begriff nicht bzw. nicht im Zusammenhang mit der Bewertung von Unternehmen. Allenfalls handelsrechtlich werden Zusammenhänge hergestellt, und darüber hinaus hat es den Anschein, dass die Versicherungswirtschaft diesen Begriff ohne eine näher definierte Zielsetzung geprägt hat. Die Definition bleibt allgemein unklar. Dagegen sind die Begriffe Anschaffungswert, Neuwert, Wiederbeschaffungswert, Verkehrswert etc. allgemein klar definiert und nachvollziehbar.

Die VSA (2012) führt dazu aus, dass der Substanzwert als Zeitwert auf der Basis von Wiederbeschaffungskosten zu ermitteln ist, weil kein Markt zur Wertbestimmung existiert. Hinsichtlich der Bestimmung des (Fortführungs-)Zeitwertes wird – wie oben – die Berechnung mit arithmetisch-degressiven oder linearen Wertverläufen (vgl. Abb. 5.2) vorgeschlagen, ohne dass dies hinreichend begründet wird.

Im Hinblick auf die Praxiswertermittlung ist der Substanzwert relevant. Auch Matschke und Brösel (2013) setzen sich mit der Definition auseinander. Unter dem Aspekt der **Fortführung** (und das ist bei der Bewertung von Zahnarztpraxen regelmäßig der Fall) soll mit der Ermittlung des Substanzwertes beurteilt werden, welche künftigen Ausgaben vermieden oder zeitlich hinausgeschoben werden können (Matschke und Brösel 2013, S. 315). „Erfolgt die Bewertung unter dem Aspekt der Unternehmensfortführung im Hinblick darauf, wie viel an künftigen Ausgaben durch Nutzung der vorhandenen Substanz im Vergleich zu einer Neuerrichtung ... durch einen konkreten Kaufinteressenten als Bewertungssubjekt erspart werden kann, so ist der Substanzwert ein **Ausgabenersparniswert**." Oder in Anlehnung an Sieben (1963): „Der Ausgabenersparniswert knüpft dementsprechend an die vorhandene und nach dem Unternehmenskonzept des jeweiligen Bewertungssubjekts zugleich auch (künftig noch) betriebsnotwendige Substanz an. Der sich daraus und unter Berücksichtigung der künftigen Planungen des Bewertungssubjekts ergebende Auszahlungsstrom [bzw. Ausgabenstrom] für das zu bewertende Unternehmen wird mit demjenigen Auszahlungsstrom verglichen, der sich ergeben würde, wenn der Bewertungsinteressent ein einzahlungsgleiches Unternehmen (allgemeiner: sein bestes **Vergleichsobjekt**) neu errichten würde." Für die Bewertung von Arzt- und Zahnarztpraxen bedeutet dies: Der Substanzwert (Ausgabenersparniswert) knüpft an die vorhandene und nach dem Praxiskonzept künftig noch betriebsnotwendige Substanz an. Der sich daraus und unter Berücksichtigung der künftigen Planungen der Praxis ergebende Ausgabenstrom wird mit demjenigen Ausgabenstrom verglichen, der sich ergeben würde, wenn eine neue Praxis errichtet werden würde. Im Gegensatz zur gängigen Praxis ist hier-

nach also nicht die Substanz vergangenheitsbezogen (in Bezug auf ihr Alter und
den Verschleiß) zu bewerten, sondern danach, was dadurch gespart werden kann,
dass die Neuinvestition auf der Basis der Weiternutzung der Substanz ganz oder
teilweise erst verspätet erfolgen kann. Mit diesem zukunftsorientierten Ansatz ist
die Frage der Zeitwertdefinition hinfällig. Außerdem wird so die Forderung der
Zukunftsbezogenheit der Bewertung erfüllt.

Schmid-Domin (2013, S. 113 ff.) stellt auf die Wiederschaffungspreise bei der
Substanzwertermittlung ab. Aus diesen sei der Zeitwert unter Berücksichtigung
der tatsächlichen Nutzungsdauer zu ermitteln. „Unabhängig von den steuerrecht-
lich festgelegten Abschreibezeiten … ist die im konkreten Fall wahrscheinliche
Nutzungsdauer des jeweiligen Anlagegegenstandes festzulegen und unter Berücksichtigung der zukünftigen Ersatzinvestitionskosten und des wahrscheinlichen
Zeitpunktes ihrer Notwendigkeit ein Einzelzeitwert für das einzelne Anlagegut zu
ermitteln." Diese Definition entspricht eher dem o. g. Ausgabenersparniswert als
einem „Zeitwert". Weiterhin setzt sich Schmid-Domin kritisch mit der Substanz-
bewertung in der Gutachterpraxis auseinander, bei der er vor allem die häufig
mangelhafte Nachvollziehbarkeit kritisiert. Als nachvollziehbare Methode führt er
unter seinem Abschn. 4.3.2 eine Methode zur Substanzwertermittlung ein, die dem
nachfolgend vorgestellten Ansatz nahe kommt.

5.2 Vorgehen im Allgemeinen

Für die Bewertungspraxis bedeutet der Ansatz des Ausgabenersparniswertes, dass
zunächst von jedem zu bewertenden Anlagenteil (Ausrüstungsgegenstand der Praxis) der Ausgangswert A_0^{neu} zu ermitteln ist. Allgemein ist A_0^{neu} der Wert, der bei
Fortführung des bisherigen Praxiskonzeptes am Bewertungsstichtag für ein ver-
gleichbares Anlagenteil aufzuwenden wäre. Dieser Wert kann größer, kleiner oder
gleich dem Anschaffungswert sein und muss vom Gutachter festgelegt werden. Zur
Ermittlung des Entscheidungswertes für einen präsumtiven Käufer kann sogar der
Wert eines Anlagenteils mit verbesserten Eigenschaften angesetzt werden.

Wenn der Wert A_0^{neu} nicht unmittelbar vom Gutachter festgelegt werden kann,
sind zunächst die Anschaffungs- und Herstellungskosten zu ermitteln. Dann werden die Anschaffungs- und Herstellungskosten mit dem Preiswertfaktor FPw
multipliziert. Dieser berücksichtigt die Preisveränderungen zwischen dem Anschaf-
fungsjahr und dem Bewertungsjahr (Stichtagsprinzip). Es wird also errechnet, „was
der Gegenstand heute kosten würde". Zur Ermittlung von FPw kann auf Indizes
zur Preisveränderung des Statistischen Bundesamtes zurückgegriffen werden. Ein

geeigneter Index ist der für die „Erzeugerpreise gewerbliche Wirtschaft", zu finden
unter www.bundesbank.de. Hier kann vormonatsaktuell der entsprechende Wert
ISpez abgerufen werden.

Beispiel 5.1:

Beispielsweise für Oktober 2013 beträgt der Index 106,6, für November 2003
beträgt er 86,1. Wurde nun also eine Behandlungseinheit im November 2003
für umgerechnet 35.000 € angeschafft (AW), beträgt der Basiswert für die
Wertermittlung A_0^{neu} im Oktober 2013

$$A_0^{neu} = AW \cdot FPw = AW \cdot \frac{ISpez\ Bewertungsjahr}{ISpez\ Herstellungsjahr} = 35.000 \cdot \frac{106,6}{86,1}$$

$$= 43.333\ Euro \tag{5.1}$$

Anschließend muss vom Gutachter die restliche (verbleibende) technische und
wirtschaftliche Nutzungs- und Lebensdauer (t_{alt}) ermittelt werden. Die durch-
schnittlich zu erwartende technische und wirtschaftliche Gesamtnutzungs- und
Lebensdauer (t_{neu}) weicht in der Regel von der **Nutzungsdauer** aus steuerlicher
Sicht (t_{ND}) deutlich ab. Erfahrungsgemäß ist t_{neu} etwa doppelt bis zu dreimal so
hoch wie t_{ND}. Die Bestimmung von t_{alt} unterliegt auch dem konkreten Zustand des
Anlagenteils. Hier muss der Gutachter aufgrund seines Sachverstands und seiner
Erfahrung einen Wert festlegen.

Bewertungstheoretisch sind nun die **Auszahlungsströme** der Alternativen
„Nutzung der Substanz" und „Neuanschaffung" zu vergleichen bzw. gleichzusetzen.
Dabei müssen die beiden versetzt aufeinander folgenden unendlichen **Investitions-
ketten** der Alternativen verglichen werden. Der Ausgangswert der Neuanschaffung
A_0^{neu} ist bereits ermittelt worden (s. o.), der Auszahlungsstrom wird dargestellt
durch Multiplikation mit einem Kapitalwiedergewinnungsfaktor über ihre gesamte
Nutzungsdauer t_{neu}. Der zu ermittelnde Substanzwert KW als einzige Unbekannte
muss diesem Ansatz entsprechend ebenfalls durch den Ansatz des Kapitalwieder-
gewinnungsfaktors – allerdings lediglich über die restliche Nutzungsdauer t_{alt} –
ermittelt werden, weil danach die Neuanschaffung erfolgt. Auf das Konzept der
Investitionskette kann in der Praxis verzichtet werden, weil im Hinblick auf die
erreichbare Gesamtgenauigkeit keine relevanten Abweichungen zu erwarten sind.

$$KW \cdot \frac{i \cdot (1+i)^{t_{alt}}}{(1+i)^{t_{alt}} - 1} + B_{alt} = A_0^{neu} \cdot \frac{i \cdot (1+i)^{t_{neu}}}{(1+i)^{t_{neu}} - 1} + B_{neu} \tag{5.2}$$

mit

KW: zu ermittelnder Substanzwert
B_{alt}:   Betriebskosten für das vorhandene Anlagenteil
B_{neu}:   Betriebskosten für das neu anzuschaffende Anlagenteil
t_{neu}:   gesamte Nutzungsdauer
t_{alt}:   restliche Nutzungsdauer
i: Zinssatz

Im Folgenden soll weiterhin davon ausgegangen werden, dass die Betriebskosten beider Alternativen gleich sind und somit aus der Gleichung subtrahiert werden können. Der Substanzwert KW ergibt sich zu

$$KW = A_0^{neu} \cdot \frac{i \cdot (1+i)^{t_{neu}}}{(1+i)^{t_{neu}} - 1} \cdot \frac{(1+i)^{t_{alt}} - 1}{i \cdot (1+i)^{t_{alt}}} \tag{5.3}$$

bzw.

$$KW = A_0^{neu} \cdot \frac{(1+i)^{t_{neu}}}{(1+i)^{t_{neu}} - 1} \cdot \frac{(1+i)^{t_{alt}} - 1}{(1+i)^{t_{alt}}} \tag{5.4}$$

Beispiel 5.2 Fortsetzung:

Um dieses Verfahren zu veranschaulichen, soll für das o. g. Beispiel davon ausgegangen werden, dass die Behandlungseinheit noch eine restliche technische Lebensdauer von 10 Jahren hat. Im November 2023 soll entsprechend eine Ersatzbeschaffung erfolgen. Somit erspart sich der Übernehmer der Praxis 10 Jahre lang eine zur Fortführung der Praxis notwendige Investition in Höhe eines Wertes, der heute 43.333 € beträgt. Das bedeutet, dass für einen Zeitraum von 10 Jahren für diese Anlage im Hinblick auf die wie oben ermittelte Lebensdauer von 20 Jahren keine Zinsen und keine Tilgungen anfallen. Nach der Annuitätenmethode entspricht dies für 20 Jahre bei einem angenommenen Zinssatz i. H. v. 3 % Jahresraten i. H. v. gemäß Gl. (5.3) (erster Bruch der Gleichung)

$$Rate = A_0^{neu} \cdot \frac{i \cdot (1+i)^{t_{neu}}}{(1+i)^{t_{neu}} - 1}$$

$$= 43.333 \, Euro \cdot \frac{(1+0{,}03)^{20} \cdot 0{,}03}{(1+0{,}03)^{20} - 1}$$

$$= 43.333 \cdot 0{,}06722$$

$$= 2.913 \, Euro/a \tag{5.5}$$

Dieser jährliche Zahlungsstrom muss nun noch über die Restlaufzeit von 10 Jahren auf den Bewertungsstichtag abgezinst werden gemäß Gl. (5.3) (zweiter Bruch der Gleichung) mit

$$KW = Rate \cdot \frac{(1+i)^{t_{alt}} - 1}{i \cdot (1+i)^{t_{alt}}}$$
(5.6)

mit einem angenommenen Zinssatz i = 3 %

$$KW = 2.913 \cdot \frac{(1+0,03)^{10} - 1}{0,03 \cdot (1+0,03)^{10}} = 24.848 \; Euro$$
(5.7)

insgesamt gemäß Formel (5.3) also

$$KW = 43.333 \; Euro \cdot \frac{0,03 \cdot (1+0,03)^{20}}{(1+0,03)^{20} - 1} \cdot \frac{(1+0,03)^{10} - 1}{0,03 \cdot (1+0,03)^{10}} = 24.848 \; Euro$$
(5.8)

Die Ausgabenersparnis beträgt heute 24.848 €, wenn in die Behandlungseinheit erst in 10 Jahren investiert wird. Es handelt sich um den Ausgabenersparnis- bzw. Substanzwert der Behandlungseinheit.

In Abb. 5.1 wird die Wertentwicklung als Funktion des Anlagenalters für das o. a. Beispiel dargestellt.

Die Entwicklung des Substanzwertes hat einen progressiven Verlauf und widerspricht insofern fundamental dem bisher angesetzten Zeitwertverfahren mit (geometrisch- oder arithmetisch-) degressivem Verlauf (vgl. Abb. 5.2, gestrichelte Kurve). Dieses ergibt geringere Werte. Ein allgemeingültiger numerischer Vergleich der Verfahren ist wegen der unterschiedlichen Ansätze, insbesondere wegen des stark subjektiven Einflusses im Zeitwertverfahren, nicht möglich – die Auswertung einzelner Substanzwerte von Praxen zeigt aber, dass mit dem Ansatz des Ausgabenersparniswertes etwa 20 % höhere Praxiswerte ermittelt werden.

Andererseits kommt mit Abb. 5.1 auch zum Ausdruck, was viele Praxisberater ihren Kunden – sofern sie präsumtive Käufer sind – raten: Nämlich möglichst zunächst einmal mit der vorhandenen und günstig zu erwerbenden Substanz zu arbeiten, weil das die wirtschaftlich vorteilhaftere Alternative ist, als sofort in neue Anlagen zu investieren.

Zu beachten ist schließlich noch, dass der Substanzwert auf den Zeitpunkt nach Ablauf des Ergebniszeitraums berechnet und auf den Bewertungsstichtag abgezinst wird. Dem liegt die Annahme zugrunde, dass die Substanz für Berechnung des Praxiswertes über die Dauer des Ergebniszeitraums keine separate Berücksichtigung finden kann – hier zählt allein, welche Erträge die Praxis weiterhin mit der

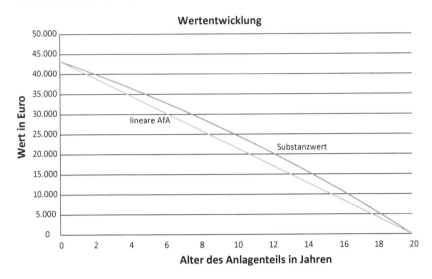

Abb. 5.1 Entwicklung von Substanzwert und Restbuchwert nach linearer Abschreibung als Funktion des Alters für ein ausgewähltes Beispiel

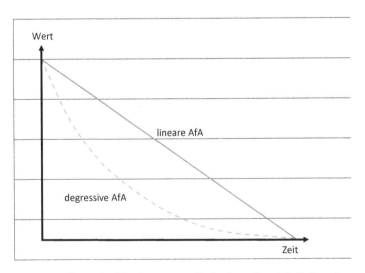

Abb. 5.2 Prinzipieller Verlauf der degressiven Abschreibung (*gestrichelte Kurve*)

vorhandenen Substanz erwirtschaften kann. Nach Ablauf dieser Zeit wird dann die verbleibende Substanz bewertet und als Substanzwert zum ideellen Praxiswert addiert.

Übung: zur Ermittlung des Substanzwertes Ihrer Praxis. Tragen Sie beispielhaft für drei Anlagenteile gemäß den Angaben in Ihrer BWA bzw. Ihrem Jahresabschluss in die nachstehende Tabelle ein und addieren Sie zum Schluss zum materiellen Praxiswert.

	Anlage 1	Anlage 2	Anlage 3
Bezeichnung Objekt	Behandlungseinheit 1	Cerec	Desinfektor
Zustand	normal		
Bew.-Stichtag	01.10.2013		
Bew.-Jahr	2013		
Anschaffungspreis	35.000 €		
Anschaffungsjahr	2003		
Index Anschaffungsjahr	86,1		
Index aktuell	106.6		
Basiswert	43.333 €		
Nutzungsdauer ND	10 Jahre		
Buchwert	1 €		
Gesamt-ND	20 Jahre		
Endjahr	2023		
Rest-ND	10 Jahre		
Zinssatz	0,03		
Substanzwert	24.848 €		

Gesamtsumme (= materieller Praxiswert):

5.3   Vorgehen aus Käufersicht

Es gibt bei der Substanzwertermittlung – ebenso wie bei der Ermittlung des ideellen Wertes und bei jeder weiteren Wertermittlung – keinen Wert an sich, sondern nur aus der Sicht von jemandem. Die Darstellungen in Abschn. 5.2 beinhalten zwar die Grundsätze der Substanzwertbestimmung, zielen aber in der Ausführung mehr auf die Sichtweise des präsumtiven Käufers (Praxisübernehmer) ab. Es wurde bereits erwähnt, dass bei Feststellung des Substanzwertes durchaus von dem Anschaffungswert eines Ausrüstungsgegenstandes ausgegangen werden kann, der moderner und besser ausgestattet ist als das vorhandene Gerät. Dies erhöht den ermittelten Substanzwert als Entscheidungswert des präsumtiven Käufers. Es handelt sich hierbei um den Wert, den der Käufer maximal bereit ist zu zahlen. Der Argumentationswert wird im Zuge der Kaufverhandlungen deutlich vom Entscheidungswert nach unten abweichen.

Diesem Ansatz folgend ist die Substanz hinsichtlich der zu erwartenden Lebensdauer aus Käufersicht eher hoch anzusetzen: Der Käufer geht bei der Ermittlung seines Entscheidungswertes von der maximal zu erwartenden Nutzungsdauer aus. Der Gutachter muss also bei der Begutachtung für jedes Anlagenteil neben einer zu erwartenden Mindestrestnutzungsdauer eine zu erwartende maximal mögliche Restnutzungsdauer festlegen.

Hinsichtlich des Zinssatzes sollte vom aktuellen Kapitalmarktzins am Bewertungsstichtag ausgegangen werden. Hierbei wird üblicherweise der Ansatz der Umlaufsrenditen inländischer Inhaberschuldverschreibungen/Insgesamt/ Monatsdurchschnitte (Deutsche Bundesbank 2014) gewählt. Weil in der Praxis die zu erwartenden Restnutzungsdauern teilweise mehr als 10 Jahre betragen, sollte dieser Zinssatz mit einem Risikoaufschlag versehen werden. Empfohlen werden hier zwei bis vier Prozentpunkte. Für den präsumtiven Käufer sollten hier eher höhere Zinssätze gewählt werden, weil der Entscheidungswert als äußerste Grenze der Konzessionsbereitschaft ermittelt werden soll. Gesucht ist der Maximalwert, der durch höhere Zinssätze begünstigt wird.

Hohe Zinssätze führen bei der Ermittlung des Ausgangswertes zu hohen Raten, im Hinblick auf die Kapitalisierung der Raten zu niedrigen Werten. Die Zinshöhen wirken also gegenläufig. Es wird vereinfachend der Ansatz eines mittleren Zinssatzes von 3 % empfohlen. Insgesamt führen hohe Zinsen zu hohen Substanzwerten.

5.4 Vorgehen in dominierten Konfliktsituationen

Die Grundüberlegung hierzu wurde bereits in Abschn. 4.7 für den immateriellen Praxiswert angestellt. Gesucht wird der **Arbitriumwert**, wenn eine **dominierte Konfliktsituation** besteht, zum Beispiel, wenn Zahnarzt A, der in Gemeinschaftspraxis mit Zahnarzt B ist, sich von diesem trennen und die Praxis allein weiterführen will. Der Anlass ist für B dominierend, für A nicht. Für diesen Fall wird vorgeschlagen, dass der Arbitriumwert dem **Entscheidungswert** der dominierten Partei, hier Zahnarzt B, entspricht, denn hier „wird die dominierte Partei nicht schlechter gestellt als bei Unterlassung der Transaktion". Bei Unterlassung der Transaktion profitiert B weiterhin von der Substanz und muss – wie ein präsumtiver Käufer – erst verspätet investieren. Der Arbitriumwert entspricht dem Ausgabenersparniswert aus Sicht des Käufers, wie es in Abschn. 5.2 beschrieben wurde.

Anders ist es, wenn B seinem Kollegen A kündigt und ausbezahlt werden möchte, und die vertraglichen Regelungen dies in dominierender Weise ermöglichen. Eine solche Konstellation liegt regelmäßig auch bei Ehescheidungen vor, wenn der nicht-zahnärztliche Ehepartner C sich vom zahnärztlichen Ehepartner A trennen will. Auch hier wird A dominiert. Bei der Transaktion (Trennung) darf A nicht schlechter gestellt werden als bei der Unterlassung der Transaktion. Das Unterlassen der Transaktion ist die Fortführung der Praxis in gewohnter Weise. Auch hier werden zukünftige Ausgaben durch das Vorhandensein der Substanz gespart. Allerdings kann die dominierte Partei nun einen Ansatz wählen, bei dem das zu bewertende Anlagenteil aus gutachterlicher Sicht bereits zum frühestmöglichen Zeitpunkt (zu erwartende Mindestrestnutzungsdauer) ersetzt werden muss. Bei der Bewertung ist hier also der Entscheidungswert aus Sicht des Verkäufers zu ermitteln.

Hinsichtlich der Zinssätze wird der Verkäufer bei der Ermittlung des Entscheidungswertes eher höhere Risikoaufschläge wählen. Der Ausgangswert A_0^{neu} ist so wie in Abschn. 5.2 beschrieben zu ermitteln.

Beispiel 5.3:

Auf das Zahlenbeispiel 5.2 angewendet betrüge der Ausgangswert $A_0^{neu} = 43.333$ €. Als durchschnittlich zu erwartende Gesamtnutzungsdauer legt der Gutachter $t_{alt} = 20$ Jahre fest, die Restnutzungsdauer t_{alt} soll hier nach 10 Jahren aber lediglich 5 Jahre betragen, weil nicht auszuschließen ist, dass die Behandlungseinheit bereits nach 5 Jahren ausfällt bzw. zur Aufrechterhaltung

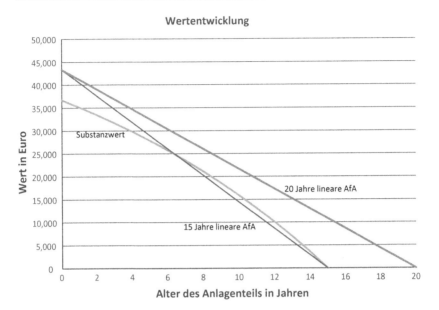

Abb. 5.3 Entwicklung von Substanzwert und Restbuchwert nach linearer Abschreibung als Funktion des Alters für ein ausgewähltes Beispiel aus Verkäufersicht

des Praxiskonzeptes vorzeitig ersetzt werden muss. Der Zinssatz einschließlich Risikozuschlag wird hier aufgerundet zu 6 % festgelegt.

$$KW = 43.333 \cdot \frac{(1 + 0{,}06)^{20}}{(1 + 0{,}06)^{20} - 1} \cdot \frac{(1 + 0{,}06)^{5} - 1}{(1 + 0{,}06)^{5}} \tag{5.9}$$

Der Substanzwert beträgt KW = 15.914 €.

Die Wertentwicklung in Abhängigkeit des Anlagenalters mit unterschiedlichen Ansätzen ist in Abb. 5.3 dargestellt.

Aus Verkäufersicht liegt der Substanzwert stets deutlich unter dem Wert, der sich bei linearer Wertverminderung über die normal zu erwartende Lebensdauer ergibt. Wenn zum Vergleich die lineare Wertverminderung über die reduzierte Nutzungsdauer herangezogen wird, ist der Substanzwert in den ersten Jahren ebenfalls deutlich geringer, und in den letzten Jahren der reduzierten Nutzungsdauer geringfügig höher als der linear ermittelte Wert.

5.5 Hinweise für die Praxis

Wenn dem Gutachter keine näheren Informationen vorliegen, kann die normal zu erwartende Gesamtnutzungsdauer von Anlagenteilen festgelegt werden, indem der Wert der steuerlichen Nutzungsdauer um 100–200 % erhöht wird. Maßgeblich ist auf der Basis der Erfahrungen des Gutachters, wie lange vergleichbare Anlagenteile in der Praxis tatsächlich eingesetzt werden, ohne dass die Aufwendungen für Reparaturen so hoch werden, dass ein Weiterbetrieb wirtschaftlich nicht sinnvoll ist. So können beispielsweise alte Behandlungseinheiten teilweise normal zu erwartende Nutzungsdauern von 30 Jahren aufweisen. Aber auch zum Beispiel Computer können einen relativ großen Substanzwert haben, obwohl sie eventuell schon lange abgeschrieben sind und am Markt nicht mehr zu verkaufen wären. Entscheidend ist hier, inwieweit dieser Computer noch zum Praxisbetrieb erforderlich ist und wie lange es voraussichtlich noch dauert, bis in einen Ersatz investiert werden muss. Dabei können auch rechtliche Anforderungen eine Rolle spielen. Selbst wenn ein Anlagenteil noch nicht einmal steuerlich abgeschrieben ist, kann der Substanzwert Null sein, wenn das Gerät beispielsweise gar nicht mehr betrieben werden darf. Dies wird berechnet, indem die Restnutzungsdauer zu Null gesetzt wird. Ggf. erforderliche Ersatzinvestitionen fließen über künftige Abschreibungen in die Berechnung des Goodwill ein.

Es ist möglich bzw. kommt häufig vor, dass ein Anlagenteil zu bewerten ist, dessen Alter die normal zu erwartende Gesamtnutzungsdauer bereits übersteigt. Die o. g. Formel kann unabhängig davon genutzt werden. Der Ansatz der normal zu erwartenden Gesamtnutzungsdauer t_{neu} bleibt unverändert, für t_{alt} wird die zu erwartende Restnutzungsdauer eingesetzt. Dabei kann als Anhaltswert der angesetzte Verflüchtigungszeitraum gemäß Abschn. 4.4 dienen, denn – zumindest bei einem präsumtiven Käufer – kann davon ausgegangen werden, dass er im Verflüchtigungszeitraum anfängt, Anlagenteile zu ersetzen, deren normal zu erwartende Gesamtnutzungsdauer deutlich überschritten ist. Ein Verkäufer sieht dies naturgemäß anders: dieser setzt im Hinblick auf seinen Argumentationswert eher lange Restnutzungsdauern an, um einen hohen Substanzwert zu erreichen.

In Abschn. 2.1 wurde hinsichtlich des Begriffes „**objektivierter Wert**" als eine mögliche – und kritisch zu hinterfragende – Definition genannt: „Wenn zum Beispiel Käufer und Verkäufer gemeinsam einen Gutachter beauftragen mit dem Ziel, einen Wert zu ermitteln, der für beide Seiten akzeptabel ist und der als Ausgangspunkt für Verhandlungen akzeptiert werden kann." Kritisch diskutiert wurde hier, dass es sich hierbei aber eher um eine spezielle Form des Argumentationswertes als Ergebnis zweier Sichtweisen handelt. Im Hinblick auf den „**objektivierten**

Substanzwert" ist diese Definition aus Sicht des Verfassers aber nachvollziehbar zu
handhaben. Aus Sicht des präsumtiven Käufers haben Anlagenteile, deren normal
zu erwartende Nutzungsdauer lange überschritten ist, eher keinen Wert mehr, aus
Sicht des Verkäufers können sie im Einzelfall eher noch lange genutzt werden und
stellen insofern einen eher hohen Ausgabenersparniswert = Substanzwert dar. Für
beide Seiten akzeptabel nachvollziehbar ist dann der Ansatz des Verflüchtigungszeitraums, nach dessen Verstreichen sich der Einfluss des Abgebers auf den Erfolg
der Praxis verflüchtigt hat und insofern auch die Altsubstanz erneuert werden sollte.

Im Falle der Praxisschließung ist als Substanzwert der **Liquidationswert** zu
bestimmen, also der Preis, der bei der Auflösung für die einzelnen Anlagenteile
zu erzielen ist bzw. wäre. Dieser ist in der Regel sehr schwer zu bestimmen. Als
Faustgröße kann erfahrungsgemäß ein Ansatz von einem Viertel bis zur Hälfte des
Substanzwertes angesetzt werden.

Literatur

Deutsche Bundesbank (2014) Zinssätze und Renditen. http://www.bundesbank.de/
    Navigation/DE/Statistiken/Geld_und_Kapitalmaerkte/Zinssaetze_und_Renditen/Tabellen/
    tabellen_zeitreihenliste.html?id=16076. Zugegriffen: 6. Mai 2014
Diederich H (1989) Allgemeine Betriebswirtschaftslehre. Kohlhammer, Stuttgart
IfS (1999) Leitsätze für die Bewertung von Maschinen. Institut für Sachverständigenwesen,
    Köln
Matschke MJ, Brösel G (2013) Unternehmensbewertung, 4. Aufl. Springer, Wiesbaden
Moser U (2011) Bewertung immaterieller Vermögenswerte. Schäffer-Poeschel, Stuttgart
Schmid-Domin HG (2013) Bewertung von Arztpraxen und Kaufpreisfindung. Methoden –
    Beispiele – Rechtsgrundlagen. Erich Schmidt, Berlin
Sieben G (1963) Der Substanzwert der Unternehmung. In: Matschke MJ, Brösel G (Hrsg)
    Unternehmensbewertung. Springer, Wiesbaden
VSA (2012) Modifiziertes Ertragswertverfahren bei der Bewertung von Arzt- und Zahn-
    arztpraxen: gemeinsame Stellungnahme zu bewertungsrelevanten Fragen, Vereinigung
    der öffentlich bestellten und vereidigten Sachverständigen für die Bewertung von Arzt-
    und Zahnarztpraxen (VSA), 26.03.2012. http://www.praxisbewertung-wertgutachten.de.
    Zugegriffen: 5. März 2013
Wikipedia (2014) Definition Zeitwert. http://de.wikipedia.org/wiki/Zeitwert. Zugegriffen: 6
    Mai 2014
Wöhe G (2013) Einführung in die Allgemeine Betriebswirtschaftslehre. Vahlen, München
Zur Mühlen D, Witte A, Rohner M, Boos F (2010) Praxisbewertung. Deutscher Ärzte-Verlag,
    Köln

Ergebnisdarstellung

6

6.1 Plausibilitätsberechnung und Sensitivitätsanalyse

Wenn ein Praxiswert oder ein Wertbereich ermittelt wurde, muss im Rahmen der **Begutachtung** eine **Plausibilitätsrechnung** durchgeführt werden. Dazu wird bei kleinen und mittleren Unternehmen (KMU; und dazu zählen auch Arzt- und Zahnarztpraxen) gelegentlich auf vereinfachte Preisfindungen, wie zum Beispiel die Ärztekammermethode, zurückgegriffen. Diese ersetzen zwar nicht die oben beschriebenen Grundsätze zur Wertermittlung, können aber nach IDW (Absatz 143 ff.) herangezogen werden.

Im Rahmen einer Sensitivitätsanalyse werden die angenommenen Größen der zu den Berechnungen verwendeten Parameter in realistischen Grenzen variiert. Im Ergebnis liegen Praxiswerte im Rahmen einer Ergebnisspanne vor. Der Gutachter interpretiert dieses Ergebnis entsprechend.

6.2 Praktikabilität und Genauigkeit

Im Zusammenhang mit der modifizierten **Ertragswertmethode** (und deren unstrittigen Anwendungserfordernissen) muss auch deren **Praktikabilität** diskutiert werden. Matschke und Brösel (2013, S. 128) schreiben, dass sich die Praktikabilität aus dem **Nutzen-Aufwand-Postulat** ableiten lässt. **Komplexitätsreduktion** und somit **Aufwandsreduktion** ist in der Unternehmensbewertung unabdingbar:

T. Sander, *Grundlagen der Praxiswertermittlung*,
DOI 10.1007/978-3-642-55324-0_6, © Springer-Verlag Berlin Heidelberg 2014

▶   So viel Theorie (oder theoretische Fundierung) wie möglich, so viel
     Praktikabilität wie nötig!

Der Begriff „möglich" kann auch als „machbar" aufgefasst werden. Ist die **Zukunftsanalyse** bzw. **Prognose** der zukünftigen Entwicklung wirklich vollumfänglich unter
Angabe von Geldeinheiten machbar? In den vorangegangenen Abschnitten wurde
bereits vielfach die **Personenabhängigkeit** diskutiert. Zumindest in diesem Punkt
wird unter erfahrenen Gutachtern schnell Einigkeit herzustellen sein, dass das
schwer verlässlich machbar ist.

Das System, das Gutachter zu bewerten haben, ist äußerst komplex. Eine Kom-
plexreduzierung im o. g. Sinne besteht nach Auffassung des Verfassers eben auch
darin, nach einer Zukunftsanalyse im Sinne der modifizierten Ertragswertmethode die verbleibenden Faktoren – über die in der Fachwelt Einigkeit herzustellen
ist – über die Dauer des Ergebniszeitraums zu erfassen. Das Prinzip der Zukunftsorientierung wird hierbei gerade nicht verlassen. Man kann von einer
„vereinfachten modifizierten Ertragswertmethode" sprechen. Die den Ergebniszeitraum beeinflussenden Faktoren sind zukunftsorientiert und werden quantitativ
eingebracht.

Zu beachten ist dabei immer, dass die reine Anwendung der vorgeschlagenen
Vorgehensweise ohne eine Auseinandersetzung mit dem mutmaßlichen Käufer die
Sicht des Verkäufers widerspiegelt. Bei der Erstellung „neutraler Gutachten" sind
die Einflussgrößen anzupassen.

Dem Verfasser ist es zudem wichtig, auf einen Punkt in der **Ergebnisdarstellung**
abzuheben. Wie bereits gesagt, ist das Problem der Prognose bei Unternehmensbewertungen – und hier bei Praxisbewertungen – äußerst komplex. Das Ergebnis
wird neben vielen anderen Einflussgrößen, die zum Teil nur in größeren Band-
breiten zu erfassen sind und dann reduziert auf *einen* Wert angegeben werden,
beim immateriellen Praxiswert im Wesentlichen durch die Multiplikation mit dem
Faktor des Ergebniszeitraums, zum Beispiel 3,5 Jahre, bestimmt, beim materiellen
Praxiswert auf die (subjektiv) zu erwartenden Restnutzungsdauern der einzelnen
Anlagenteile.

Bei der Verknüpfung mehrerer Größen entspricht die **Genauigkeit** des Ender-
gebnisses aber eben jener Größe mit der geringsten Genauigkeit. Das Endergebnis
hat so viele signifikante Stellen wie die Größe mit der geringsten Anzahl an **signifikanten Stellen** in der Gleichung. Bei der vorliegenden Problematik beträgt die
Anzahl der signifikanten Stellen höchsten zwei (die Zahl 3,5 beispielsweise hat zwei
signifikante Stellen, Beispiel immaterieller Praxiswert). Höchstens deshalb, weil die
o. g. Bandbreite bei den anderen Einflussgrößen diese Zahl allenfalls noch verringert. Bereits hier wird stillschweigend eine Genauigkeit angenommen, die nicht der

Realität entspricht – kein Gutachter kann den Prognosezeitraum verifizierbar auf ein Zehnteljahr bestimmen. Bestenfalls bewegt sich dieser um ± ein Zehnteljahr, also gemäß dem o. g. Beispiel zwischen 3,4 und 3,6 Jahren. Daraus folgt die Forderung, die in Beispiel 6.1 ausgedrückt wird:

Beispiel 6.1

Ergebnisse, die in der Angabe eines Praxiswertes in Euro münden, dürfen höchstens mit zwei signifikanten Stellen, also als zum Beispiel 91.000 € oder 120.000 €, niemals als zum Beispiel 91.500 € oder 121.000 € (drei signifikante Stellen) oder mit noch mehr signifikanten Stellen dargestellt werden. Eine Darstellung mit mehr als zwei signifikanten Stellen ist nur scheinbar präzise. Die Fortführung des Beispiels soll das verdeutlichen: Der angenommene Grundwert betrüge 83.721 €. Der Gutachter schlägt einen Ergebniszeitraum von 3,5 Jahren vor, wobei er bestenfalls eine Genauigkeit im Bereich zwischen 3,4 und 3,6 Jahren festlegen kann. Der Praxiswert beträgt also 293.024 €, bestenfalls in den Grenzen von 284.651 € und 301.396 €. Die Angabe des Ergebnisses mit dem Wert 290.000 € ist korrekt, weil der tatsächliche Wert bestenfalls irgendwo zwischen 285.000 € und 300.000 € liegt. Die Angabe eines Wertes mit drei signifikanten Stellen – hier also zum Beispiel 293.000 € – täuscht eine Genauigkeit vor, die nicht vorhanden ist. 293.000 € bedeutet nämlich in der Interpretation, dass der tatsächliche Wert nur zwischen 292.500 € und 293.500 € liegen kann, und das ist falsch. Der auf- bzw. abgerundete Wert 290.000 € bedeutet hingegen, dass der tatsächliche Wert nur irgendwo zwischen 285.000 € und 295.000 € liegen kann, und das ist (bestenfalls) richtig. Entsprechendes gilt, in erhöhtem Maße, für den materiellen Praxiswert.

Wenn nun zum ideellen Praxiswert der Substanzwert addiert wird, kann das Ergebnis wiederum ebenfalls maximal zwei wirksame signifikante Stellen aufweisen. Es wird daher vorgeschlagen, bei der Praxiswertermittlung die Einzelberechnungen stets maximal mit ganzzahligen Geldgrößen durchzuführen und die Ergebnisse maximal mit drei signifikanten Stellen anzugeben. Als Gesamtergebnis sollte eine Geldgröße mit maximal zwei signifikanten Stellen dargestellt werden.

Literatur

Matschke MJ, BröselG(2013) Unternehmensbewertung, 4. Aufl. Springer Gabler, Wiesbaden

Zusammenfassung und Ausblick 7

Im vorliegenden Buch wird eine intensive Auseinandersetzung mit dem Wertbegriff im Rahmen von Unternehmens- und hier im Speziellen von Praxisbewertungen vorgenommen. Anschließend werden die für die Bewertung von Zahnarztpraxen relevanten Wertarten diskutiert. Das Ziel dieser Auseinandersetzungen besteht darin, dem Leser grundsätzliche Klarheit über die Begrifflichkeiten zu verschaffen, weil dies im Bewertungsalltag erfahrungsgemäß zu kurz kommt und somit auch zu systematischen Fehlern führt. Insbesondere die Erkenntnis, dass Bewertungen stets aus der Sicht von jemandem vorgenommen werden, ist nach den Erfahrungen des Verfassers oft nicht klar. Vielmehr wird häufig versucht, einen Wert an sich zu ermitteln, was systematisch falsch ist.

Es werden die gängigen Bewertungsverfahren vorgestellt, wobei dem modifizierten Ertragswertverfahren und der Ärztekammermethode der größte Raum zukommt. Innerhalb des nach allgemeiner Auffassung im Hinblick auf die Wertermittlung von Praxen idealerweise zu verwendenden modifizierten Ertragswertverfahrens werden insbesondere die Aspekte Arztlohn und Prognosezeitraum intensiv beleuchtet. Im Ergebnis, insbesondere aber auch aus Praktikabilitätsgesichtspunkten, wird der Vorschlag für ein **vereinfachtes modifiziertes Ertragswertverfahren** unterbreitet.

Auch mit Einbeziehung der erarbeiteten Vorschläge ist das modifizierte Ertragswertverfahren in vollem Umfang anwendbar und stets als die Bewertungsmethode der Wahl anzusehen. Wenn aber die Analysen bei der Ermittlung der zukünftigen Umsätze und Kosten zu keinen konkreten Abweichungen von der Ausgangslage in Form von Geldgrößen führen (was in der Praxis mangels Informationen häufig der Fall ist), ist die Argumentation über die Goodwill-Reichweite eine praktikable Alternative. Dadurch wird die Zukunftsorientierung nicht eingeschränkt. Außerdem kann hier die Wertermittlung mit den betroffenen betriebswirtschaftlichen Laien möglicherweise leichter diskutiert werden. Auch die Berechnung eines Anhaltswertes durch den Praxisinhaber ist so vereinfacht möglich.

Die zahlenmäßigen Ansätze zum Unternehmerlohn und zur mittleren Goodwill-Reichweite verstehen sich als Vorschläge und Richtwerte. Hier kann der Gutachter im Einzelfall zu abweichenden Ergebnissen kommen.

Der hier erstmals vorgestellte Ansatz zur Ermittlung des Substanzwertes, der maßgeblich von den bisherigen, aber in der Praxis unklaren Handhabungen, abweicht, basiert auf der Grundüberlegung der Ausgabenersparnis bei der Trennung in einen immateriellen und in einen materiellen Praxiswert. Der Ertragswert der Praxis wird mit dem Goodwill-Ansatz bestimmt, und schließlich wird addiert, welche Ausgabenersparnis im Vergleich zu einer Neuanschaffung mit der vorhandenen Substanz erreicht wird. Dies wird ebenfalls in einem Wert gebündelt. Dadurch wird eine schlüssige Gesamtbewertung möglich.

Einige hier angestellte Überlegungen sind neu. Der Verfasser freut sich auf die Anregungen aus und die Diskussionen mit der Fachwelt.

Anhänge

Anhang 1

Anwendungsbeispiel zum Vergleich der Verfahren:
Modifiziertes Ertragswertverfahren und vereinfachtes modifiziertes Ertragswertverfahren unter Berücksichtigung der Steuer
Zur Mühlen et al. (2010) gehen in ihrem Beispiel auf S. 49 davon aus, dass der nachhaltige Zukunftsertrag 100.000 € betrage. Die typisierte Ertragssteuer wird mit 35 % angesetzt. Basiszins: 4 %, Risikozuschlag: 2 %, $a_n = 2,7804$.
Der ideelle Praxiswert wird zu 57.832 € ermittelt.
Vereinfachtes modifiziertes Ertragswertverfahren:

Basiszins	4,0%
+ Risikozuschlag	+ 2,0%
= Kapitalisierungszinsfuß (vor Steuer)	6,0%
./. typisierte Ertragssteuer (35%)	./. 2,1%
= Kapitalisierungszinsfuß (nach Steuer)	3,9%

Der nachschüssige Rentenbarwertfaktor a_n wird wie folgt ermittelt:

$$a_n = \frac{1 - \left(\frac{1}{1+i}\right)^n}{i}$$

mit

a_n = nachschüssiger Rentenbarwertfaktor
i = Kapitalisierungszins nach Steuer, hier 3,9 %
n = Ergebniszeitraum, hier 3,5 Jahre nach Vorschlag Sander

T. Sander, *Grundlagen der Praxiswertermittlung*,
DOI 10.1007/978-3-642-55324-0, © Springer-Verlag Berlin Heidelberg 2014

hier:

$$a_n = \frac{1 - \left(\frac{1}{1+3,9\%}\right)^{3,5}}{3,9\%}$$

a$_n$ = 3,2135

Nachhaltiger Zukunftsertrag	100.000 €
./. typisierte Ertragssteuer 35%	./. 35.000 €
./. Nettounternehmerlohn (65% von 75.000 €)	./. 48.750 €
= nachhaltiger Reinertrag	16.250 €
x Multiplikator	x 3,2135
Ideeller Wert	52.219 €

Während Zur Mühlen et al. einen ideellen Wert in Höhe von 58.000 € ermitteln, kommt der Verfasser zu dem ähnlichen Ergebnis von 52.000 €. Bei kleinen Überschüssen kommt Sander also zu nur etwas geringeren ideellen Praxiswerten. **Nachhaltiger Zukunftsertrag: 200.000 €:**

Ergebniszeitraum: 3 bzw. 3,5 Jahre	Zur Mühlen et al.	Sander
Nachhaltiger Zukunftsertrag	200.000 €	200.000 €
./. typisierte Ertragssteuer 35%	./. 70.000 €	./. 70.000 €
./. Nettounternehmerlohn (65% von 76.000 bzw. 125.000 €)	./. 49.400 €	./. 81.250 €
= nachhaltiger Reinertrag	80.600 €	48.750 €
x Multiplikator	x 2,7804	x 3,2135
Ideeller Wert	224.100 €	156.658 €

Während Zur Mühlen et al. einen ideellen Wert in Höhe von 220.000 € ermitteln, kommt Sander zu dem Ergebnis von 160.000 €. Bei größeren Überschüssen kommt Sander also zu kleineren ideellen Praxiswerten (27 % niedriger). Der Ansatz des höheren Arztlohns macht sich hier deutlich bemerkbar.

Wenn sich der Ergebniszeitraum in beiden Fällen um 0,5 Jahre erhöht, müssen Zur Mühlen et al. mit dem Rentenbarwertfaktor von 3,2135 und Sander mit 3,6385 rechnen.

Ergebniszeitraum: 3,5 bzw. 4 Jahre	Zur Mühlen et al.	Sander
Nachhaltiger Zukunftsertrag	200.000 €	200.000 €
./. typisierte Ertragssteuer 35%	./. 70.000 €	./. 70.000 €
./. Nettounternehmerlohn (65% von 76.000 bzw. 125.000 €)	./. 49.400 €	81.250 €
= nachhaltiger Reinertrag	80.600 €	48.750 €
x Multiplikator	x 3,2135	x 3,6385
Ideeller Wert	259.008 €	177.375 €

Bei höheren angenommenen Ergebniszeiträumen für beide Modelle ergeben sich bei Sander höhere Werte (300.000 € zu 180.000 € = 40 %). Die Differenz der Ergebnisse wird also mit höheren Ergebniszeiträumen größer. Wenn für beide Modelle der gleiche Ergebniszeitraum angesetzt wird, ergibt sich folgende Berechnung:

Ergebniszeitraum: 3,5 Jahre	Zur Mühlen et al.	Sander
Nachhaltiger Zukunftsertrag	200.000 €	200.000 €
./. typisierte Ertragssteuer 35%	./. 70.000 €	./. 70.000 €
./. Nettounternehmerlohn (65% von 76.000 bzw. 125.000 €)	./. 49.400 €	81.250 €
= nachhaltiger Reinertrag	80.600 €	48.750 €
x Multiplikator	x 3,2135	x 3,2135
Ideeller Wert	259.008 €	156.658 €

Bei gleichen Ergebniszeiträumen weist das Modell von Zur Mühlen et al. wegen des Ansatzes eines geringeren Arztlohns mit 260.000 € einen deutlich höheren Wert aus als Sander mit 160.000 € (38 % niedriger).

Wenn für beide Modelle der gleiche, aber ein niedrigerer Ergebniszeitraum angesetzt wird, ergibt sich folgende Berechnung:

Ergebniszeitraum: 3 Jahre	Zur Mühlen et al.	Sander
Nachhaltiger Zukunftsertrag	200.000 €	200.000 €
./. typisierte Ertragssteuer 35%	./. 70.000 €	./. 70.000 €
./. Nettounternehmerlohn (65% von 76.000 bzw. 125.000 €)	./. 49.400 €	81.250 €
= nachhaltiger Reinertrag	80.600 €	48.750 €
x Multiplikator	x 2,7804	x 2,7804
Ideeller Wert	224.100 €	135.545 €

Bei kleineren, aber gleichen Ergebniszeiträumen bleibt die Differenz mit 39 % in etwa konstant.

Wenn für beide Modelle der gleiche Ergebniszeitraum, aber mit niedrigeren Erträgen angesetzt wird, ergibt sich folgende Berechnung:

Ergebniszeitraum: 3 Jahre	Zur Mühlen et al.	Sander
Nachhaltiger Zukunftsertrag	100.000 €	100.000 €
./. typisierte Ertragssteuer 35%	./. 35.000 €	./. 35.000 €
./. Nettounternehmerlohn (65% von 76.000 bzw. 75.000 €)	./. 49.400 €	48.750 €
= nachhaltiger Reinertrag	15.600 €	16.250 €
x Multiplikator	x 3,2135	x 3,2135
Ideeller Wert	50.131 €	52.219 €

Je niedriger der Ertrag, desto mehr nähern sich die Methoden an. Hier ermittelt Sander sogar höhere Werte.

Anhang 2

Anwendungsbeispiel zum Vergleich der Verfahren:
Modifiziertes Ertragswertverfahren (MEV) und vereinfachtes modifiziertes Ertragswertverfahren (Sander) ohne Berücksichtigung der Steuer mit einfacher Multiplikation der Ergebnisse
Der Multiplikator 3 bei dem MEV ergibt sich aus dem Beispiel von Zur Mühlen et al. (S. 49).
Nachhaltiger Zukunftsertrag: 100.000 €:

Ergebniszeitraum: 3 bzw. 3,5 Jahre	MEV	Sander
Nachhaltiger Zukunftsertrag	100.000 €	100.000 €
./. Unternehmerlohn	./. 76.000 €	./. 75.000 €
= nachhaltiger Reinertrag	24.000 €	25.000
x Multiplikator	x 3	x 3,5
Ideeller Wert	72.000 €	87.500 €

Kleinere Erträge führen bei Sander zu höheren Goodwill.
Nachhaltiger Zukunftsertrag: 150.000 €:

Ergebniszeitraum: 3 bzw. 3,5 Jahre	MEV	Sander
Nachhaltiger Zukunftsertrag	150.000 €	150.000 €
./. Unternehmerlohn	./. 76.000 €	./. 100.000 €
= nachhaltiger Reinertrag	74.000 €	50.000
x Multiplikator	x 3	x 3,5
Ideeller Wert	222.000 €	175.000 €

Mittlere Erträge führen bei Sander zu niedrigeren Goodwill.
Nachhaltiger Zukunftsertrag: 200.000 €:

Ergebniszeitraum: 3 bzw. 3,5 Jahre	MEV	Sander
Nachhaltiger Zukunftsertrag	200.000 €	200.000 €
./. Unternehmerlohn	./. 76.000 €	./. 125.000 €
= nachhaltiger Reinertrag	124.000 €	75.000
x Multiplikator	x 3	x 3,5
Ideeller Wert	372.000 €	262.500 €

Größere Erträge führen bei Sander zu deutlich niedrigeren Goodwill.
In jedem Fall ist der Goodwill ohne Berücksichtigung der Steuer naturgemäß höher (vgl. Ergebnisse Anlage 1).

Anhang 3

Vergleich der einfachen Multiplikation mit dem Rentenbarwertfaktor
Der nachschüssige Rentenbarwertfaktor a_n wird wie folgt ermittelt:

$$a_n = \frac{1 - \left(\frac{1}{1+i}\right)^n}{i}$$

mit

a_n = nachschüssiger Rentenbarwertfaktor
i = Kapitalisierungszins nach Steuer
n = Ergebniszeitraum

Mit dem Rentenbarwertfaktor wird im Rahmen der modifizierten Ertragswertmethode der nachhaltige Reinertrag zum ideellen Praxiswert multipliziert. Er ist
abhängig vom Kapitalisierungszins und vom Ergebniszeitraum.

In der Abbildung ist dieser Barwertfaktor in Abhängigkeit vom Kapitalisierungszins und vom Ergebniszeitraum dargestellt. Es zeigt sich, dass es im Rahmen
der vereinfachten modifizierten Ertragswertmethode im Rahmen der Genauigkeit
bei kleinen Zinssätzen ausreicht, als Multiplikator den Ergebniszeitraum zu ver-
wenden. Bei höheren Zinssätzen in Verbindung mit langen Ergebniszeiträumen
sollte der Zinssatz entsprechend der oben angeführten Formel zur Ermittlung des
nachschüssigen Rentenbarwertfaktors Berücksichtigung finden.

Barwertfaktor

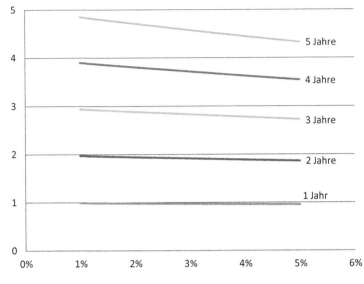

Zinssatz

Sachverzeichnis

T. Sander, *Grundlagen der Praxiswertermittlung*,
DOI 10.1007/978-3-642-55324-0, © Springer-Verlag Berlin Heidelberg 2014

V

Veräußerungswert, 45
Verbindlichkeit, 12
Verfahren, zukunftsorientiertes, 7
Verflüchtigung, 35, 62
Verflüchtigungsaspekt, 16
Vergleichsobjekt, 107
Verhandlung, 85
Verkäufer, 47, 76
Verkaufsverhandlungen, 82, 86
Verkehrswert, 17, 24, 106
Vermittlungswert, 9, 39
Verschleiß, 105
Versicherungswesen, 106

W

Wachstumsdynamik, 62
Wert, 5
  objektivierter, 5, 117

realitätsbezogener, 25
Wertarten, 8, 14
Wettbewerbssituation, 36, 101
Wiederbeschaffungskosten, 105
Wiederbeschaffungswertes, 106

Z

Zeitwert, 17, 107
Zeitwertfaktor, 106
Zielsystem, 11, 39, 40
Zinsen, 40
Zinskorrektur, 40
Zugewinnausgleich, 28
Zukunftsanalyse, 40, 66, 120
Zukunftsaspekte, 36
Zukunftsbezogenheit, 15, 108
Zukunftsertragsüberschuss, 60
Zukunftsorientierung, 7
Zuweiserpraxis, 40